離地獄只有一步之遙

顏色革命後的二次回歸

盧永雄 著

序

我們往往是離天堂太遠,離地獄太近。而滑向地獄的過程,竟然這般不知不覺。

腦海中跳出一幕幕的圖像,全是親身經歷。

2010年1月立法會通過高鐵撥款,警員在立法會外圍起人牆,一個青年赤裸上身,對着警員破口大罵:「X你老母」。我心想香港年輕人為何變得滿咀髒話?後來才知道,這一種行為叫做「勇武」。

2014年10月「佔中」期間,有一天晚上旺角一度清了場,我清晨6時走去看看,旺角銀行中心對出的彌敦道,已經清空。後來一個頗有名氣的小頭目在暗角走出來大叫:「你們怕甚麼,差人無X用,都無來拉你,出來啦。」說時遲那時快,一個又一個的示威者,就如螞蟻那樣聽着指揮,走回彌敦道上,重新佔據。我還走去和一個示威者聊一聊,那個沒穿上衣的示威者,和我說話時,從來未和我

有眼神接觸，我懷疑他濫了藥。金鐘和旺角，是兩個世界。這場運動，十分複雜，可說是由「勇武」到「違法」的一個演化，由1.0版到2.0版。

2019年，再進一步。那年10月，在旺角太子站附近，由於所謂「太子站打死人」的示威，滿街擁着人，我的車子開到附近，根本開不動了，便下車步行。見識到幾十人的警察防暴隊驅趕示威者的實況，示威者初而退卻，轉眼又聚攏，當街上成百上千示威者，從四方八面湧出來，急急退卻的防暴警朝我走來，我在他們眼中，看到死亡的恐懼。因謠言激發的暴民，大叫着「黑警殺人」的口號，向警察追去時，不打死警察是萬幸了。親歷一次暴力現場，我就明白那年11月11日馬鞍山淋天拿水燒人的事件，是怎麼會發生。這又是由「違法」去到「暴力」的一個演化，已經由2.0版去到3.0版，已經是專業級了。

當時的特區政府，面對亂局，手足無措。香港離顏色革命成功，只是一步之遙。若不是中央果斷出手，特區政府，已經倒台十次。

我相信若當日香港的顏色革命成功後，香港並不會去到民主應許之地，而是會進一步滑向混亂的深淵。因為操控香港亂局的外地黑

手，並不關心香港有沒有民主，只想借香港的亂局，推倒中央政權。中央未倒，他們怎會收手？香港若然幸運，會變成烏克蘭那種小亂的境地。若然差一點，就會變作一個打內戰的利比亞。不要以為香港不會打仗，若果可以借香港做一個顛覆基地去分裂中國的話，外地黑手會毫不猶疑地下這步棋。

香港能逃出地獄，是一個奇蹟。

回想前事，足夠出一身冷汗。翻看過去幾年自己寫的文章，如實紀錄了這次不成功的政變，便生起結集成書的念頭，為香港歷史記上一筆。

本書前半部是「香港政治篇」，記錄了這場政治大變的前因後果。後半部是「香港民生經濟篇」，講述政治和經濟民生環環相扣，政治出事，影響經濟民生；經濟民生凋蔽，又會倒過頭來成為政治不滿的溫床。

浴火之後，會有重生。香港逃離失敗的顏色革命厄運，就迎來二次回歸。放眼未來，曙光初現，卻並非坦途一片。

* 編者按：為存歷史原貌，本書資料並未有進行更新，讀者可依據出版時間按圖索驥，惟當時的觀察及見解，今天仍然適用。

目錄

第二部　香港民生經濟篇

第一部 香港政治篇

總論一：香港政治的三重誤判

香港回歸前24年，香港政治經歷了一個變型走樣的過程，由治而亂，由在「一國兩制」框架內良性發展，到出現要突破「一國」的惡性衝擊。這一列狂衝出軌的瘋狂列車，在2020年6月30日晚上11時《港區國安法》生效後，被中央硬生生拉回原來的軌道之上，香港的二次回歸，由是開始。

要了解香港這一段衝向地獄的狂亂歲月的由來，或許要先了解國際政治的大背景。

故事由1971年開始。當年是毛澤東仍然大力反美國帝國主義（Anti-American Imperialism）的年代，但隨着美國國務卿基辛格秘密訪華，總統尼克遜接着訪問中國，中美關係快速改善，最後兩國在1979年建交。我當時只有十來歲，也很奇怪這兩個死敵，為何可以言歸於好。長大後才明白，因為他們有共同敵人——蘇聯。

在「敵人的敵人就是朋友」的邏輯下，中美這兩個死對頭，就這樣成為朋友，雖然一個是社會主義國家，一個是資本主義頭號

帝國,但這種「大纜都扯唔埋」的結盟關係,竟然可以維持幾十年。在這大背景下,鄧小平在1978年帶中國走上改革開放的道路,進行市場化經濟改革,對外開放,但若沒有中美友好的前提,中國想發展勞工密集的製造業經濟,由於缺乏出口市場,就不是那麼容易成功了。

中美修好的頭20年,直至1990年鐵幕垮台及1991年蘇聯解體,開始發生質變,中美兩國的共同敵人蘇聯,在一夜間消失。對中國而言,這沒有甚麼大不了,中國很快站穩腳跟,還是在搞改革開放,集中力量發展經濟。但對美國的影響就大了,一個幾十年的老對手垮掉,美國當然意氣風發,政治學者福山(Francis Fukuyama)發表民主制是「歷史的終結」(The End of History)理論,西方世界信以為真。

政治從來都是尋找敵人的遊戲,當美國頭號敵人蘇聯消失,中國的狀況就有點危險了。

無論如何,中國還是有點運氣的,2001年9月,美國發生「911事件」,由恐怖份子拉登發動的襲擊,把紐約世貿中心(World Trade Center)這兩幢標誌性建築物,硬生生炸掉,從此改變了美國人的思想。順帶一提,拉登的基地組織誕生,也跟美國有關,拉登原是沙地富家公子,參與伊斯蘭革命,在阿富汗反對蘇聯入侵壓逼伊斯蘭教眾。拉登崛起初期得到美國暗助,美國

到處培養「敵人的敵人」，扶助如拉登這一類武裝遊擊隊對抗蘇聯，這是美國一貫技倆。但蘇聯解體後，拉登這些美國在中東的棋子，美國就棄而不顧，正如美國近年在敘利亞放棄庫爾德族軍事組織一樣，美國是用完即棄的。

當美國尋找敵人的時候，拉登也在尋找敵人，他盯上了美國這壓逼伊斯蘭世界的世界霸主，向美國發動恐襲。在蘇聯解體後，正當美國國內慢慢醞釀出反華聲音，想把中國鎖定為主要敵人的時候，「911」襲擊的出現，瞬即改變了形勢。當時的美國總統小布殊，極欲拉攏中國作為反恐盟友。那時中國已進行多年加入世界貿易組織的談判，美國對中國加入世貿原有保留，但在「911事件」後，美國就急速轉向，歡迎中國入世，中國於是在2001年12月11日加入世貿組織，正式成為第143名成員。 2002年11月，小布殊首次訪京，中美關係在反恐聲中又步向高峰。

入世後令中國市場大幅擴大，令中國經濟走上新的台階，慢慢發展為世界第二大經濟體，2010年經濟總量超過日本，進入首二名。美國放生中國入世，錯失了狙擊中國的最好時機，現在中國已發展至美國不能阻壓的地步。

2011年5月2日，奧巴馬任美國總統時期，美國特種部隊在巴基斯坦擊殺拉登，美國反恐步入尾聲。這時美國開始把中國認定為頭號敵人，美國國務卿希拉莉於2011年10月，在《外交政策》

（*Foreign Policy*）雜誌發表〈美國的太平洋世紀〉"Return to Asia" 一文，宣示美國重返亞洲的政策。從時間上而言，充份看到美國眼中頭號敵人的轉移。

美國雖則已定好重返亞洲的策略，但在民主黨執政的時期，美國對華的敵意，還是比較隱性的。直至2017年，民粹式的總統特朗普上台後，對華敵意就完全暴露，特朗普打出「美國優先」的旗號，在2018年公然向中國發動貿易戰，中美關係質變開始了。

美國之變，也影響對香港的態度。比較香港兩場反政府運動，也可以看到美國對港政策的轉變。在2014年「佔中」的時候，聞說美國初時的態度是支持的，但運動發生兩星期後，美國就認為如旺角那種相當失控的局面，會影響香港民眾對民主運動的看法，壹傳媒創辦人黎智英甚至去過旺角，勸示威者回家。但到了2019年香港發生反修例群眾運動，特朗普政府對港態度已180度轉變，全面支持香港群眾運動，副總統彭斯接見黎智英。美國顯然想用盡香港，在貿易戰上向中國施壓。

國際形勢已然大變，中美關係全面質變，香港人對這類環球政治大變化，既無興趣亦無感知，完全不了解在中美鬥爭中，香港已淪為美國進攻中國的棋子。

國際形勢大變，香港人的認知不變。香港政治出現過去幾年的

亂局,和包括政府高官在內的從政者對政治形勢誤判有關。香港的政府高官主要是行政管理型,政治閱歷本已不深,對國際政治了解更少,甚至毫無興趣去了解,出席國際場合,只視為爭取曝光的活動,對國際政治的凶險,一無所知,亦不懂從國家的層面去研究問題,所以容易出現誤判。

香港從政過去幾年對政治有三個誤判。

誤判一:將中美之爭看成良性競爭

過去中美關係良好,香港作為中國的特別行政區,同時和美國保持良好關係。但自從2017年美國總統特朗普上台之後,中美關係急促惡化,但港府高官以至建制派,仍然將中美之爭看成良性競爭,主觀上想在中美之間保持中立,甚至有時會站在美國一方,結果就完全低估美國干預香港政局的可能性。在2019年的反修例運動中,特區政府開始時就完全沒有考慮這場運動可能不只是香港內部的政治矛盾,而是有美國等外部力量在參與攪局。

中美關係已經發展到一種惡性競爭的關係,主要因為中國經濟崛起,其 GPD 佔美國 GDP 已經超過70%,美國深感威脅,所以要全方位打擊中國。歷史上有很多例子,一個新興強國崛起時,很可能和傳統強國爆發劇烈衝突,最後甚至難免一戰,這就

是所謂「修昔底德陷阱」（Thucydides' Trap），可參考格雷厄姆.艾利森（Graham Allison）的《註定一戰：中美能否避免修昔底德陷阱？》（*Destined for War:Can America and China Escape Thucydides's Trap?*）。

中央判斷中美之間已經出現惡性競爭，並推演未來的發展路徑，估計朝向2028年，即中國GDP可能超過美國的那一年，中美之間的衝突會愈演愈烈。在中美衝突將來可能升溫而不是降溫的前提下，中央處理香港問題、台灣問題時，這些小局只能服從大局，不能容許香港出亂子，拖累全中國，這就是中央對香港採取強硬政策的基本思路。

誤判二：將本地敵我矛盾看成人民內部矛盾

中美之間出現惡性競爭，美國一定動用所有力量干預香港，令香港出現政治動盪，亦會鼓勵台灣插手香港，這樣就會把香港本地的政治矛盾，或許本來只是人民內部矛盾，轉變成為敵我矛盾。本地的反對派政客，在不知不覺間，成為敵人的棋子，行為愈搞愈激，客觀上支持各種政變行為，最後騎虎難下。

誤判三：將政治質變看成量變

將政治質變看成量變。當反對派在不知不覺間，慢慢變成外國

的棋子，由人民內部矛盾變成敵我矛盾，搞出一場「顏色革命」之後，特區政府卻不能夠清楚認識這種轉化，在2019年的風暴當中，還對反對派的建議，言聽計從，就會出現種種失誤，例如政府裏有人竟想接受對方提出的「五大訴求」，自毀長城。特區政府態度軟弱，沒有作戰思維，根本不能應對那場國際級的大風暴。

直到今天，部份政府高層還沒有充份認識質變已然發生，局面稍為穩定下來，又想回到過去，想回復那種政治開放的日子，想盡量吸取泛民加入政府，想盡量聽泛民的意見。其實這種和諧美好的舊日子，已一去不復返了。

本地政治在中央主導下，已發生三大戰略轉移，從政者要盡快掌握。

1. 由發展民主變成追求秩序。

回歸24年，香港政制不斷開放，政制改革是香港最主要的政治議題，彷彿發展民主，發展普選，是香港唯一而最大的政治目標。民主自由就變成香港最主要的意識形態，而政府也圍着這個主題去轉。不過香港發展民主的道路，並沒有帶來好結局，從2014年的「佔中」，到2019年的暴動，完全顯示香港的民主化走上了歪路。本地政治第一個戰略轉移，就是要由發展民主，

改為追求秩序，穩定壓倒一切。秩序和效率，將取代民主主義，成為本地從政者要追求的重要價值。

這個轉移的過程，由中央三個大動作完成，第一就是2020年制定《港區國安法》，第二就是2021年完善香港政制，第三個動作是在2021年和2022年轉換特區政府的班子。三個動作將徹底地將發展民主的路向扭轉。所以無論政府或從政者，也無需要再堅持香港一定要發展民主。在阿爺的眼中，香港首先要回復秩序，施政首先講求效率，若不能達到這兩個前提，發展民主的目標，可以先叫停了。

美國政治學者亨廷頓（Samuel P. Huntington）在1968年的作品《轉變中社會的政治秩序》（*Political Order in Changing Societies*）中，提出新興國家或地區遇上的發展問題，當舊社會瓦解，新社會建立時，由於所有舊社會組織紐帶都已經斷裂，政治參與急速上升，社會群體連繫薄弱，結果就會出現失序的情況，很多非殖化的國家和地區，引入西方式民主，結果變成一場混亂。恐怕香港也要面對這樣的困局，在外地政治勢力干預下，情況就更糟糕了。

2. 由多元開放轉向愛國主義。

香港過去是一個國際城市，回歸24年的初段，中美關係良好，香港也可以扮演一個中美之間的中間人角色。如今中美關係決

裂，實際上已經陷入新的冷戰當中，香港過去面向國際時的多元開放空間，早已消失了。

香港人要開始選擇，要麼支持美國，要麼支持中國，但如果你留在香港，支持美國的空間是不大的。香港面對的戰略轉移，要由多元主義轉向愛國主義，從政者要站穩愛國的定位，才有發展的空間，否則阿爺會覺得你勾結外地，必定繼續打壓，沒有太多生存空間。在如今中美衝突的國際環境下，香港人的心態必須轉移。

3. 由實用主義轉向意識型態主導。

香港從政者過去不講意識形態，只講實用主義，現實上就是不斷做政治交易，以換取支持，總之事情能在立法會投票通過就可以了，有一種「過得海便是神仙」的心態。

最典型的例子是2010年的第一次高鐵撥款，在政府提出撥款之初，支持的民意有七成，反對的有三成，但反對者不斷提出各種理由來攻擊，特區政府就鮮有回應，到立法會投票之前，支持和反對已經變成五五之比。當時我和負責的官員溝通，問他們為何不反駁錯誤的反對意見，他們的回應是只要立法會能通過就好了，不用反駁，以免挑起事端。政府這種實用主義的心態，客觀上大量丟失意識形態陣地，令年輕人覺得民主自由的

價值至高無上，無論政府或者建制派只是一班庸碌無能的廢物，只是因為利益而聚集，年輕人羞與為伍。

政府也好像染上斯德哥爾摩症候群，好比一個被綁匪劫持的富家女，最後完全認同綁匪的價值，即使被拯救出來後，富家女也不願意上庭作證指控綁匪。當特區政府高官完全認同反對派的民主自由價值之後，做事常覺得自己理虧，於是不斷用利益去收買反對派，例如本屆政府上任時提出要每年增加50億元教育經常性撥款去收買教協，但這種行動只是養大反對派，並沒有獲得真正的支持。

未來香港的從政者要摒棄實用主義，要重新高舉意識形態，要定位在愛國主義和效率主義的基礎上，敢於發言，敢於抗爭，否則即使完善了政制，特區政府仍然不能重新收穫民心。

①

離地獄只有一步之遙：香港顏色革命

1.1

上一課看看如何進行顏色革命

國家主席習近平上周五（2019年12月20日）應美國總統特朗普的邀請通了電話，特朗普想叫中國幫手拉攏北韓重回談判桌，習主席借機發難，警告特朗普話最近一段時間，美方在涉台、涉港、涉疆、涉藏等問題上的消極言行，中國表示嚴重關切，中方希望美方「高度關注和重視中國的關切」。

外交有來有往，特朗普急於與金正恩重啟對話，怕金正恩聖誕送大禮搞核試。最後說服金正恩不在聖誕日挑起事端，特朗普還開玩笑地說：「說不準北韓的禮物會是個花瓶呢。」既然美國有求於中國，阿爺自然來跟你開單，喝止美國在香港掀起顏色革命。

香港暴露出顏色革命的苗頭，讓我想起多年前一部由中國社會科學院世界社會主義研究中心製作的系列紀錄片《居安思危之二：「顏色革命」警示錄》，該片講述美國如何利用顏色革命，推翻俄羅斯的獨立國聯合體的盟國政權，借此大力壓制俄羅斯發展。紀錄片總結了美國支持顏色革命的各種手段，片中引述當時美國總統小布殊這樣形容顏色革命：「在這些國家推動民主及建立

民主制度，最終的目標是世界根除暴政。」

紀錄片總結美國利用顏色革命搞亂了一個國家的六種手段。
手段一：利用所謂「非政府組織」（"Non-Governmental Organization"）對目標國家作長期的政治滲透，片中引述一個「非政府組織」負責人艾德爾·揚·卡拉特米奇指住一張世界地圖，講述如何由烏克蘭到格魯吉亞去推動顏色革命，最終針對的是俄羅斯、中國、伊朗等國家。

手段二：扶持親美激進青年學生組織為將來上台的美國代理人政權培植骨幹力量，片中講到小布殊同普京會談前夕，暗中跟一大班東歐國家的青年組織負責人會面，大力鼓勵他們搞激進反俄運動。

手段三：操縱媒體為反對派大做輿論，當時這些東歐新興國家反對派媒體仍未太成熟，一些美國人投資的報紙在當地出版為反對派造勢，甚至不介意做假新聞。

手段四：以援助為名為反對派提供經濟支持，片中提到由美國政府直接資助的美國國家民主基金會（National Endowment for Democracy, NED）及由大鱷索羅斯支持的開放社會基金會（Open Society Foundations），在東歐大力支援反政府組織，直接提供金錢援助。

手段五：利用或捏造政權領導人的腐敗問題大做文章。

手段六：重點打擊及滲透國家執法部門，為反對派保駕護航，打擊一個國家的軍隊或警察，是挫傷這國家政權的最佳手段，因警察軍隊一變節國家政權倒台便順理成章。

看完這六招，在香港似曾相識，特別是培養青年學生領袖一項。回想 2012 年梁振英上台時，學民思潮大力反對國民教育，當年黃之鋒冒起，如今變成被美國政府奉為上賓的 23 歲青年，在野眾議院議長佩洛西按他的建議，通過美國《香港人權民主法》（Hong Kong Human Rights and Democracy Act），就知道美國要如何吹捧這些年輕人，成為反政府骨幹，鼓動推翻政府。

美國推動顏色革命的結果，有樣板給大家看，香港要仿效的烏克蘭，如今的自由指數在全球仍排在 108 位，遠比香港排第三位低，真的不明白為何一個全球自由度排第三的城市，要學全球排第 108 的地方。

最諷刺的是美國不斷在烏克蘭要推翻一個親俄的政府，2014 年烏克蘭獨立廣場出現神秘開槍事件，就是要為推翻當時親俄的總統亞努科維奇（Viktor Yanukovych），後來親美總統波羅申科（Petro Poroshenko）上台，和俄羅斯的關係急劇惡化，經濟每況愈下，而且美國只是出口術，並沒有對烏克蘭的經濟大力援

助，結果波羅申科的內政搞到一塌糊塗，去到今年（2019年）5月被喜劇演員出身的澤連斯基（Volodymyr Zelensky）打敗。

澤連斯基上台之初，大家覺得他是一個反俄的總統，但現在看來，他無甚政治立場，因親美無着數，他開始與俄羅斯改善關係。12月9日澤連斯基在德國及法國斡旋之下，在巴黎和俄羅斯、法國同德國舉行四方會談，想解決烏克蘭和俄羅斯的矛盾。

澤連斯基在美國及俄羅斯之間遊走，特朗普就是逼澤連斯基去查競選對手拜登，在烏克蘭有沒有貪腐問題，因而鬧出濫權彈劾風波。特朗普開始對澤連斯基不滿，覺得他幫自己不夠，太過親俄，看來美國未來又要發動另一場顏色革命，在烏克蘭推翻澤連斯基。

這些革命表面看似為了民主，實際只是扶植美國附庸政權，真是「信一成都會雙目失明」。

2019年12月27日

1.2

香港只有政客，沒有政治家

佔中案判決，刑罰最高的是組織者戴耀廷和陳健民，判囚16個月；罰得最輕的是張秀賢，被判處200小時社會服務令。地院法官陳仲衡判刑可算是手下留情。

不過，朋友看過新聞後就有意見，說有被告說自己的腦部出了問題，要做手術。其實在此之前，已經有另一名被告說自己糖尿上眼，還刻意對外發布消息。這些議員選舉時龍精虎猛，面臨判刑就百病纏身，相當離奇。

我回應說，被告的健康可以由醫學專家評論，但朋友的批評背後，是指有些被告，沒有承擔感。我認為香港就是這樣，只有政客，沒有政治家。

或許有人會駁斥，這些政客搞的只是「爭取民主」的示威，並不是革命。真的是這樣嗎？本地有合法示威的方法，你先向警方申請不反對通知書，說明在甚麼時間開始，甚麼時間散場，在指定的路線遊行示威，這樣就一切合法。但若然強行佔領道路、衝擊警署、包圍政府總部，就不再是合法示威，而是與搞革命

無異，因為這些行動骨子裏是想策動推翻政府，改變制度。

這讓我記起毛澤東在〈湖南農民運動的考察報告〉一文中，有一段很著名的說話，他說：「革命不是請客吃飯，不是做文章，不是繪畫繡花，不能那樣雅致，那樣從容不迫，文質彬彬，那樣溫良恭讓。革命是暴動，是一個階級推翻一個階級的暴烈的行動。」這就是「革命不是請客吃飯」這名句的出處。

香港的問題是，有一大批政客「又要威，又要戴頭盔」，發動一些疑似革命的運動，講起來慷慨激昂，實際上既無組織，亦無計劃，估不到對手的反應，自己更沒有打算要承擔後果。站在台上，一時熱血上湧，便呼籲群眾向前衝。他們就在這種糊糊塗塗的心理狀態下，搞了一場他們不知道往何處去的運動。既然領導質素如此差劣，運動失敗也是必然後果，他們爭取不到想要的民主，雖然幸運地沒有人因此喪命，但已對社會造成極大滋擾。

從政者如果不是想搞革命，就只能夠妥協，在妥協中前進。問題是香港的政客，既無能力搞革命，又不願意妥協，只懂帶領群眾，漫無目的地與中央政府對抗，令社會在廣泛政治化的氛圍下空轉。

我建議這些政客，在監獄中有空的時候，應該找本新加坡國父

李光耀的自傳，仔細研讀，努力學習。看看新加坡這個豆腐乾那樣細的小國，如何在非殖民地化的過程中，與當地的馬共鬥爭的同時，與馬來西亞聯邦周旋。

當時的馬來西亞首相東姑·阿都拉曼（Tunku Abdul Rahman）覺得李光耀和新加坡的威脅太大，便把新加坡踢出馬來西亞聯邦，新加坡被迫要在1965年獨立。李光耀便帶領新加坡於馬來西亞和印尼這些大國的夾縫中生存。

作為政治領袖，在搞革命的時候，不但要預備坐監，更預備了要會有拋頭顱、灑熱血的一天。即使是革命成功，也不等於天下太平。一個細小的國家或地區，要生存、要發展，當中需要歷經艱險過程，要面對無盡的妥協，在困難中前進。像香港的政客，無膽革命，又無心妥協，一味去煽動群眾盲目地與中央政府對抗，搞到年輕人激情上腦，香港就自困在圍城之中。

2019年04月25日

1.3

你的浪漫，我的災難

反對派55人參加2020年7月中的「35+初選」，當中47人涉違反《港區國安法》，被控串謀顛覆國家罪，近日提堂。被告者有唱歌又留言寄語，散播一種悲劇浪漫氣氛。

有中年網友的留言講述起訴事件，我覺得言之有理，值得一記。她說：「當我同情心一起，就自然想起，當日砸了多少舖頭街道？掟了多少汽油彈？還有當街燒人。民事的、思想破壞的，更無法計算，我就同情不起來。」

她續說：「百幾年，中國人剛剛有安穩生活，餐餐有啖暖飯食，就要搞外國來制裁。去同情這些口講愛港、實則誤港的人，誰來同情我？香港是我家，他們搞爛了我屋企，點執都執不返到以前自由和平的空氣。」

看見年輕的激進派被捕，甚至身陷牢獄，實難掩對他們的同情，覺得他們是被人誤導。但對中年以上的激進者，特別是事件的組織者，就真的同情不起來了，他們應為自己的所作所為負全責。如今政府在55個參加初選者中，起訴當中的47人。有部份參加

初選的人拒絕所謂「墨落無悔」聲明,不承諾上任後會無差別否決預算案,所以不構成串謀顛覆國家政權行為,便沒有被起訴。

那些被起訴者,就是參與了戴耀廷發起的攬炒大計,就像戴耀廷自己所形容:「這是大殺傷力憲制武器」。戴耀廷想藉這個攬炒計劃,推翻中共。最後行動失敗,遭到追責。

我對那位網友的留言當中,最感觸的是「當街燒人」這一句。2019年的一場風波,由開始時的街頭非法集會,到堵路掟汽油彈,再到11月11日在眾目睽睽之下,在馬鞍山當街潑天拿水、放火焚燒57歲的李姓工人,事件演化到泯滅人性的地步。我當時多次與泛民朋友爭辯:「你們和暴力示威者不劃清界線,暴力就不斷升級,去到放火燒人的地步,你們還未醒覺嗎?」

香港當時局面,的確令人毛骨悚然。更可怕的是,事發後網民在《連登》上討論放火燒人是否過份,竟然有超過5000人認為不過份,只有約300人認為過份。更有所謂網上名嘴,評論事件,指火燒人的事件是假的,而被火燒的李姓工人只是特技演員。後來證實他的講法完全錯誤,也只是嬉皮笑臉地道歉兩句作罷。香港的政治和民情發展到這種地步,的確可以稱得上滅絕人性。

最近遇到商界人士,有捐助被燒傷的李姓工人,他說李先生有四成皮膚被燒傷,要不斷做植皮手術,如今晚上仍然經常痛到

睡不着，隔一兩星期，燒傷的皮膚又脫落，處於一個痛不欲生狀況。聽到李先生情況，令人黯然神傷。警方通緝涉案的17歲及25歲的兩名男子，但他們早已潛逃海外，逍遙法外。

在黑暴事件中，另一個被燒傷的人是警員察「小虎 Sir」，他於2019年國慶日，在屯門被暴徒潑鏹水燒傷，他有14% 的皮膚三級燒傷，做了四次手術，每晚痛得要吃三、五片安眠藥才能入睡。一個正常執勤的警員，蒙受終生的災難。

有一班人要爭取他們的浪漫理想，爭取所謂「真普選」，恐怕被外部勢力利用了，不但摧毀了香港社會的安定，也影響了香港人的人身安全。他們部份人的示威行為極其暴力，更令到其他人受到不可彌補的嚴重傷害。

今天，當他們在販賣浪漫的時候，有沒有人想過因事件受到傷害的李先生和「小虎 Sir」呢？當然，還有被磚頭掟死的清潔工羅伯。所有事情都是相關的，如果不是那場暴亂，他們就不會受傷害。再加上因黑暴事件的衝擊，令廣大市民的生意和生計都受到嚴重影響。

有做零售生意的朋友說，2019年的黑暴事件令生意跌了三成，2020年疫情令生意再跌五成，現已苟延殘喘近兩年，積蓄見底。每當他們講起2019年的事件，仍然一肚子氣。所以，這批人的

浪漫，就是其他人的災難。

2021年03月04日

1.4

我們為甚麼要學烏克蘭

香港的暴力示威已經接近對決時刻，在這場號稱沒有大台的運動中，示威者有高度戰略性部署。上周末（2019年8月24日）港鐵公布在示威時段內暫停部份列車運作，甚至關閉車站。此舉顯然可以減少示威區內的群眾人流。

在上周六的示威中，的確見到減少了邊緣群眾的效果。不過，在運動幕後的組織者，卻大力度增加暴力的強度。在上周日（8月25日）的荃灣示威，運用游擊戰術，到處點起火頭，還在人流密集、黑社會盤踞的舊區二陂坊發動暴力襲擊，公然在示威群眾中投擲，試圖點燃流血衝突。最終有驚無險，警方雖然響起第一槍，但沒有造成傷亡，但已到了千鈞一髮的時刻。

政府部署使用《緊急法》去遏止示威，而運動的幕後組織者則似乎想把決戰時刻推前，怕實行《緊急法》之後，群眾會進一步流失。本來的設計是借9月開學之後的罷課，把示威浪潮推到「十一」的70周年國慶，想在國慶日製造大流血，現在他們恐怕計劃將決戰日提早到本周六（8月31日）。民陣申請集會和示威遊行，終點在中聯辦，目的是用燃燒彈瘋狂襲擊中聯辦，試

圖迫使警察開槍還擊，製造流血傷亡。警方沒有批准是次的集
會遊行，但相信暴力示威者仍會繼續上街，不會改變他們的對
決計劃。

在決戰前夕，各方面亦全力動員，有示威者計劃到處播放烏克
蘭革命影片《凜冬烈火：烏克蘭為自由而戰》。另外，號稱「民
主四老」之首的黎智英接受 CNN 訪問。他在訪問中形容中美貿
易戰是「民主」與「獨裁」之戰，他說：「新的冷戰實際上是價值
觀之爭，我們在香港是爭取與美國共同珍視的民主價值以對抗
內地，我們正在敵陣之中奮戰。」另外，他又提到這次在香港搞
暴動的目的很明確，就是要拉國家主席習近平下台。他說：「若
國際壓力、經濟放緩及失業持續發生，中國便可能會有轉變，
這不代表共產黨會倒台，但可能意味着習近平會下台，一個更
開放的政府將會接管，讓我們慢慢走上正途。」他甚至誇張地說
已準備好戰死。

聽完黎智英的說話，你會發覺如果「焦土派」明確地提出港獨，
黎智英就是想推翻中共，在香港和內地建立一個親美附庸政權。
他毫不介意地形容自己在「敵陣」中，他很明顯是視美國為主，
以中國為敵，在黎智英的大力鼓動下，的確令到這場暴力示威
火上加油。

現時的年輕人說香港要學習烏克蘭，但烏克蘭在「革命」之後得

到甚麼呢？烏克蘭在革命前有民主選舉，政府也是由合法的選舉產生，只是政府被指為親俄，就因為一場街頭革命，政府被推翻了，換了親美的政府上場。結果激怒了俄羅斯，支持克里米亞、頓內次克州及盧干斯克州等地相繼獨立，烏克蘭國土分裂，經濟凋敝。最妙的是，俄羅斯總統普京透過網上攻擊，協助特朗普上台執政。特朗普變成了俄羅斯之友，對俄羅斯在烏克蘭所做的事情，隻字不提。俄羅斯俘虜了烏克蘭的戰艦，特朗普亦不理不管，最近還大力邀請俄羅斯加入 G7 國集團，變成 G8。美國擺明是以「美國利益」（American Interest）為先，而不是以民主為先，我很不明白香港年輕人還要學習烏克蘭，想推翻香港以至中國的現在政權，變成美國的附庸。

烏克蘭革命其中一件事情值得記取的是，當日在群眾示威當中，射殺示威者的冷槍，事後發現是來自於反對派陣營，根本就是一場自導自演所觸發的流血衝突。香港這種運動，也已去到這種暴力衝突的邊緣。我們不會怪責一時衝動的年輕人，是要怪責那些別有用心的大人，他們把香港的年輕人推到死路，把香港推往深淵。

2019 年 08 月 29 日

1.5

烏克蘭經驗：自編自導的神秘一槍

看着香港年輕人一臉純真，對着鏡頭表示「香港要學烏克蘭，爭取自由！」心中泛起一絲無奈，究竟年輕人有多了解2014年烏克蘭「革命」的真相？

烏克蘭這個國家，夾在歐盟和俄羅斯中間，是西方陣營和俄羅斯鬥爭的磨心，在1989年蘇聯解體後，烏克蘭引入西方的民主選舉，親俄和親美的總統梅花間竹似地出現，烏克蘭的政治鬥爭，沒有一刻消停。

2020年2月，親俄的亞努科維奇（Viktor Yanukovych），當選為新一任的烏克蘭總統。到2013年，亞努科維奇宣布放棄了加入歐盟的努力，就觸發重大的政治事故。烏克蘭這樣做，不符合美國全面包圍俄羅斯的計劃，報復馬上到來。

示威在2013年11月底開始爆發，到2014年1月亞努科維奇曾向反對派作出讓步，接受了內閣的全體辭職。但反對派並不收貨，要求亞努科維奇下台。

反對浪潮持續了三個月，烏克蘭警察也盡量克制，沒有向示威者開槍，示威浪潮膠着。在2014年2月21日，就爆發基輔獨立廣場開槍事件，有不明身份的狙擊手開槍，導致53人死亡，其中49人為示威者，四人為執法者。反對派領導人以及美歐國家，立刻把開槍悲劇歸咎烏克蘭總統亞努科維奇。兩日後烏克蘭國會表決通過，將總統亞努科維奇革職，結果他流亡俄羅斯，親美的波羅申科在同年6月上台。一個透過民主選舉合法選出的總統，在一場群眾運動中被迫下台。民主沒變，只是由親俄總統換成親美總統。

幾年之後，俄羅斯衛星通訊社爆出驚人新聞，訪問了當日在烏克蘭基輔獨立廣場開槍的槍手，槍手還出示了當日飛基輔的機票，作為旁證。

原來槍手是一班格魯吉亞前軍人，首腦是格魯吉亞精銳部隊前指揮官齊捷拉什維利將軍（Tristan Tsitelashvili），他告訴俄羅斯衛星通訊社記者，他手下一批格魯吉亞狙擊手去了獨立廣場，他們的任務就是槍殺，不僅可以朝示威者射擊，也可朝警員射擊，目標是激怒人群、製造政治危機。他說其中一些人至今還留在烏克蘭，參加那裏的作戰。

這批格魯吉亞前軍人是收錢到烏克蘭，表面上是反對派出錢請他們維持示威的秩序。其中一個前格魯吉亞軍隊人事部門軍官

涅爾佳傑（Nergadze）話，他們是拿着別人的護照去到基輔，「支援獨立廣場抗議者」。他們一組軍人先收一萬美金，另外五萬美金，許諾回來後再付。

到事發前的2月19日晚上，烏克蘭反對派政客帕申斯基（Serhiy Pashynskyi）和同伴拉着大箱子，走進了烏克蘭飯店，為這個格魯吉亞軍團運來各式各樣的自動步槍。格魯吉亞軍團分隊指揮官列瓦濟什維利（Alexander Revazishvili）接到反對派政客帕申斯基交來的「特殊任務」，明天必須「在基輔獨立廣場製造混亂，用武器瞄準所有目標，不管是示威者還是警方，都沒有分別。」

2014年2月21日清晨7時30分，在反對派政客帕申斯基直接指令下，格魯吉亞軍團向廣場上的群眾開火，開槍兩到三下後馬上換陣地，射擊進行了大約10至15分鐘。此後他們受命拋棄武器，離開大樓，即日坐飛機離開烏克蘭。一場改變烏克蘭歷史的廣場開槍事件，竟然是反對派自導自演。

香港的示威活動略為沉靜，只怕還等待下一個高潮。真的不希望烏克蘭的開槍事件，會在香港發生。但太子站死人事件都有人相信，若香港有人開一槍死一個人，肯定會有人相信是政府屠殺。突然想起2004年台灣的總統選舉陳水扁那一次離奇槍擊事件，有甚麼事情是不可能的呢？

2019年09月12日

1.6

要認識清楚甚麼叫「政權保衛戰」

中央官員最近來港諮詢各界有關完善政制的意見。剛剛結束的全國人大政協會議上，港澳辦主任夏寶龍舉行幾場閉門宣講，透徹地講述相關問題。

據悉，夏寶龍提到這次完善香港政制的本質，不是一場「民主」之爭，而是一場「政權保衛戰」，他更提到這是敵我矛盾，「對敵人仁慈，就是對人民犯罪」。講到「敵我矛盾」這種份上，要對付「敵人」，就是「不是你死就是我亡」的鬥爭。講到政權保衛戰，就是香港會丟失政權。大家應該知道，阿爺反應是如何強烈，態度是如何強硬了。

香港回歸後搞了20多年選舉，逐漸擴大普選成份，卻沒有換來政治穩定，而是一場又一場的動亂，還有外國及外地的介入。在2019年一役，如果沒有中央硬撐，特區政府已丟失了政權。反對派公然提出攬炒主張，意圖也不是只針對特區政府，也針對推倒中央政府。所以夏寶龍才講得這樣嚴重，指這是一場「政權保衛戰」。夏說：「中央已經忍了20多年，一忍再忍，已忍無可忍，不能再忍。」由他的說話可見，阿爺是何等氣憤。

夏寶龍形容這次完善政制為「微創手術」，創口很小，沒有改動《基本法》的正文，只改動附件一及附件二，完善政制之後，應該很快就會復原。

不過，大家都知道，微創手術傷口雖然小，但在體內動的手術，也可以很大。我理解微創手術，在身體上打開一個小洞，手術工具深入體內，是可以把腫瘤切除的，醫治嚴重疾病。夏寶龍既然講到政權保衛戰，要保衛政權，當然不會是一些小修小補的動作。

過去泛民完全錯判阿爺的態度，駕車直接衝下懸崖。未來不要再輕視阿爺的想法。他把改變政制看成「政權保衛戰」，你就不要站到他的敵人的位置上，否則下場會很悲慘。

對於政權保衛戰的講法，我認為有三方面的含義。一、阿爺不會在外國的壓力下讓步。中美即將召開「二加二」高層會議。美國最近對中國多方面施加壓力，日本、澳洲對香港問題上意見多多。但阿爺在香港的問題已打盡開口牌，香港政制不變便保不了政權。可以想像阿爺不會因為外國，特別是美國講兩句，就會收手。

二、阿爺提出完善選舉制度方案，可以調整的空間很小。早前傳出一個40：30：20比例的講法。即將來立法會內，40個議席是

選舉委員會議席，功能議席會由現時的35席減到30席，當中的組成還會重新執位，直選議席由35個減到20席。這個方案傳出之後，有人說這個修改是否太大，建議不如改成30：30：30，即選舉委員會、功能組別和直選各佔30席。

然而，來港聽取各界意見的港澳辦常務副主任張曉明離開香港的時候重申，按人大的決定，選舉委員會要佔有「較大比例」的議席，言下之意是否定了選委會議席和功能組別及直選同樣30席的建議。由此可見，阿爺會讓步的空間非常非常之細。

政制是很複雜的事情，關鍵看結果。就我所知，阿爺改動香港政制的目標是，在選舉委員會及立法會內，愛國愛港人士都要佔到七成半的席位。換言之反對派或支持反對派的人，最多只可以拿到兩成半的席位。新的選舉委員有1500人，即反對派或其支持者不會超過375席；新的立法會有90席，即反對派及其支持者不可以超過22席。至於極端的反中亂港份子，更是一個也不能讓他們進入立法會和選委會。

總的而言，阿爺視香港這次政制改革為一場戰爭，他處理這件事的彈性很小，轉彎餘地也不多，即使有外國施壓，阿爺仍會頂住壓力，堅持做下去。

2021年03月19日

1.7

國安法不求好睇，只求有效

最近經常見到政客退出政壇的新聞。其中的一單是立法會議員朱凱廸，他因為參與反對派的「35+初選」，如今仍被拘押。他的團隊周四（2021年5月20日）在社交媒體上貼文說：「朱凱廸現時被六宗刑事案纏身，經過徵詢成員的意見後，朱凱廸決定結束『新西團隊』。」又話朱凱廸會有一段長時間都無法重獲自由，相信日後亦不會再從政。當日朱凱廸是2016年選舉的票王，在新西直選得到8.4萬票，如今也要退場。

另外，在同一日，前樹仁大學學生會會長劉澤鋒，同樣因為參加「35+初選」而被拘押，他也發聲明表示會退出政界，日後只想過些普通生活，也不會接受任何媒體採訪。

知名如朱凱廸，默默無聞如劉澤鋒，同時宣布退出政壇。很多因參與「35+初選」而被拘押的人，已先後宣布退場。其中比較矚目的是4個公民黨成員譚文豪、郭家麒、楊岳橋和李予信，他們也是「35+初選」的被告，在3月3日通知法庭，不再由公民黨主席、資深大律師梁家傑代表他們，其後宣布退出公民黨。聞說梁家傑對四人退黨感到十分意外，直到四人向法庭申請不

用他做代表律師，才知道此事。

有一個建制精英對我說，有這麼多人退出香港政壇，「唔係幾好睇」。

這種「唔好睇」的言論，真的可圈可點。香港的傳統精英太重視「好睇」，做事要威風凜凜，要得到各方讚賞，民望大升，如果連西方國家的掌聲也贏得到，就十分之理想了。但時移世易，這種「美好情景」已經不再。隨着中國的經濟體量逼近美國，美國已視中國為主要對手，中美交惡，「好好睇睇」的日子一去不復返。

去年（2020年）6月底，《港區國安法》生效之後，也有建制精英說，《港區國安法》的訂立和國安公署在香港設立，「唔係幾好睇，不知外國怎樣反應」。我就發現香港有很多建制精英，完全不了解阿爺對香港時局的判斷、和希望訂立國安法要達致的效果。

在阿爺的眼中，外部勢力不但要顛覆香港特區政府，還要透過香港顛覆中央政權。這並不是關乎民主的爭議，而是一場戰爭。既然是戰爭，當然是要打勝仗，要擊倒敵人，清除其殘餘勢力，令敵人永不翻身。只要能夠達成效果，過程和手法漂不漂亮，就不那麼重要了。而訂立《港區國安法》的目標，要求有效，要

打贏這場仗。當中有幾個關鍵：

一、首惡要伏法。知情人士早已透風，阿爺視《壹傳媒》創辦人黎智英、前港大副教授戴耀廷和前學民思潮負責人黃之鋒，是香港這場顛覆政權事件中的首惡，如果幾名首惡不伏法，外界便會質疑《港區國安法》只是一隻「無牙老虎」。

二、《港區國安法》的利器要用。只要細讀《港區國安法》，條文頗為嚴厲，例如涉案者不得保釋外出，又例如律政司司長可以決定不用陪審員審訊等等。由於《港區國安法》是新生事物，本地法庭都要時間去學習適應。例如高院的國安法指定法官李運騰，就曾判黎智英是可以保釋外出，其後上訴時被推翻。本周四（2021年5月20日），李運騰法官處理電單車手唐英傑的司法覆核案，他想覆核律政司說不用陪審團審理的決定。李運騰法官今次根據《港區國安法》的條文，確認了律政司司長可以建議不用陪審團審理案件。總的而言，《港區國安法》的確有「牙」，而且要用。

三、《港區國安法》要發揮震懾效果。在《港區國安法》生效之後，政制及內地事務局局長曾國衛已打開口牌，警告搞「35+初選」可能會觸犯國安法，但在戴耀廷的領頭下，仍有大批人繼續搞「35+初選」，結果一網成擒。

事後回看，很多參與者其實根本沒有認真地想過政府真的會執行《港區國安法》，如今長期拘留，明言退出政壇，是想從輕發落。

所以覺現在的情況「唔好睇」的人，昧於時局。若《港區國安法》不能收到應有的效果，未來在外圍勢力撩動下，黑暴就會重臨。

2021年05月22日

②

暴力城市：一座城市的沉淪與倒退

2.1

哀我城，哀暴力之都

香港愈來愈覺黑暗。警方先上周六（2019年7月20日）發現有人製造大量 TATP 烈性炸藥及汽油彈；到周日（7月21日）有示威者到中聯辦污衊國徽，在街道上掟汽油彈；同日晚上元朗發生暴力襲擊。在政治暴力不斷升級之下，香港不再安全。

第一首先要講的是發現 TATP 烈性炸藥。警方在荃灣隆盛工廠大廈的單位發現武器庫，檢獲至少一公斤的 TATP 烈性炸藥及十枚燃燒彈，TATP 是極其危險的東西，因為警方事先破獲了，沒有炸死人，大家不當一回事，其實相當可怕。

TATP 炸藥號稱「撒旦之母」，非常容易製造，原材料可在一般化工原料店輕易買到，包括洗甲水常見成份丙酮 （Acetone）、消毒劑常見成份含氧水 （Oxygenated Water） 等。製成後可以用溶液形態儲存，所以現在不能帶水入機場禁區，就是要防止恐怖份子帶 TATP 溶液上飛機施襲。事實上2005年7月7日的倫敦恐襲，2015年11月法國巴黎連環恐襲，到2016年3月比利時布魯塞爾恐襲，主角都是 TATP 炸藥。單是巴黎連環恐怖襲擊，已造成129人死亡，TATP 極度危險。

在隆盛工廠大廈涉事單位，還發現反修例示威標語、「香港民族陣線」的 T 恤，另有頭盔、眼罩、大聲公、手套等示威物品。香港的政治衝突，竟然發展到使用烈性炸藥的地步，細思之下，相當恐怖。若有人真的在示威中用 TATP 炸藥發動攻擊，可以造成數以百計警民傷亡。

第二要講示威變成污衊國徽事件。如今的遊行如方程式套餐一樣，遊行之後例有衝擊，例有佔路，例有打鬥。警方今次事前似乎收到消息，怕有嚴重襲擊，不批准遊行至金鐘中環，要遊行至灣仔就停止。但大批示威者事後照樣湧到中聯辦示威，由於大批警力部署在警總、政總一帶，中聯辦外警察人手不多，示威者就大肆破壞。

最離譜是拋黑漆污染中聯辦懸掛的國徽，並在中聯辦門外寫上「fk 支那」的侮辱性字眼，令人極端痛心。侮辱一國國徽，嘲弄一國名稱，在國與國之間，可以造成開戰之理由。此舉明顯針對「一國」，明踩中央紅線，是極其嚴重事件，不要以為「沒有死人就不是大事」，必須嚴屬譴責。

該批暴力示威者襲擊中聯辦後，回到上環和警方對峙，警方指過程中有人投擲汽油彈、縱火，於是用催淚彈驅散和橡膠子彈還擊。對使用汽油彈這種把示威暴力升級的暴力行徑，必須嚴屬譴責，否則未來示威必將大面積流血。集會遊行的組織者不

需對之後的暴力衝突負責，到底警方是否還要容許每個星期如此頻密的示威？

第三要講的是元朗暴力打人事件。市區無日無之的示威，早前擴散至新界之後，已激發當地着白衣反對，終在周日（2019年6月12日）釀成白衣人圍毆示威回來的黑衣人的局面，特別是在元朗西鐵站站內和衝上列車車廂的打人事件。白衣人用藤條和木棍，將在港島示威回來的示威者打傷，前來支援的反對派議員同時被打。對濫用暴力打人的白衣人，同樣必須嚴厲譴責。

悲哀我城，已陷入一個暴力漩渦之中，變成暴力之都。上周四（2018年7月18日）我曾提到政治哲學家漢娜‧鄂蘭（Hannah Arendt）在《論暴力》（*On Violence*）一書中的深刻觀察，她說「暴力行為在沒有達到目的的情況下，也會改變現實世界，這是一種使世界變得更暴力的改變。」話口未完，香港社會狀況已急速惡化，反逃犯條例的示威暴力急劇激化，去到投擲汽油彈甚至想用 TATP 烈性炸藥的地步；而另一方的白衣人也激發起來，搞出所謂「保家衛國」暴力打人鬥爭。政府權威失效，開始出現民眾鬥民眾的武鬥局面，香港離內地1966年文化大革命的紅衛兵派系劇鬥，到底還有多遠？

2019年07月22日

2.2

文明的香港，玩完

前日（2019年8月12日）黑衣人在機場的示威，令到很多平時比較冷靜平和的朋友，變得十分憤怒，他們WhatsApp訊息蜂擁而至。他們都在質疑：在機場的暴力示威者，圍毆凌辱內地旅客和記者，令有理性講文明的香港人無地自容。我也以香港人這些暴行為恥，覺得這不再是我認識的香港。

讓我們看看機場發生了甚麼事情。首先是示威者阻止旅客登機，搞得大量外國旅客滯留，極度不滿。有一家五口的外國人，跪地質問示威者說：「你們真的很自私。」但面對大量外地旅客的怒吼，示威者充耳不聞，叫旅客去問特區政府。

這是政治學有關自由的典型論題，就是一個人自由不能影響到其他人的自由。當那些示威者行使他們的抗議自由的時候，其實已經嚴重侵犯了其他人使用機場的自由，違反了自由的基本原則。

更過份的是一名內地旅客和一名內地記者，被一群暴民拘禁、毒打和行私刑，他們覺得該名內地旅客形跡可疑，懷疑他是內

地公安，便把他包圍、搜身，暴民也沒有從旅客身上搜到甚麼證據，只說是在網上查到內地有一名公安的名字與他一樣，便把他雙手用索帶綁在行李車上，對他拳打腳踢，打得他連褲子也甩掉。內地有14億人，最多撞名的名字張偉就有29萬人，上網查查名字就認定人家是公安，行私刑虐打，這是甚麼的世界？

在場的記者害怕他被人打死，一刻也不敢離開，在兩小時後，他終於被救護人員帶走。

另一名受害者是《環球時報》記者付國豪，被綁在行李車上暴打。他在被暴民綁住手腳的時候說：「我愛香港，我支持香港警察，你們可以打我了！」他充份表現了一種氣節，而打他的暴民則展現出一種獸性，完全違反一切文明的標準，是典型的憤怒的暴民（angry mob）。

這兩宗事件顯示，被打的兩名內地人，不但沒有了自由，還沒有了基本人權，甚至正如外國記者 Richard Scotford 所講的，被打的人甚至沒有戰俘的應有權利。

內地人在香港被暴打的消息，在微信圈內瘋傳，頓時激起了內地人的憤慨。我已經不再擔心內地人會不會再來香港，因為肯定有很多人會避開香港；我亦不再擔心香港的旅遊業是否會轉差，因為肯定會轉差，而且會極差。我只擔心過去香港人一直

珍視的文明，已經在昨日（8月13日）瞬間墜落。從這一刻起，香港已經玩完。一個可以包圍虐打旅客兩小時的社會，一個容許行使私刑的世界，不會有甚麼人權和自由可言。

容忍、甚至鼓勵以暴力爭取民主，就是香港目前狂亂政治運動的真正根源。而這理念的緣起，就是港大法律系副教授戴耀廷所講的「以法達義」，即只講求所謂「正義」的目標，不計較使用非法的手段。現時則更進一步，示威者為求心中的「正義」，完全不介意使用暴力，這是「以暴達義」。如果這些人的「革命」成功，上台執政，也絕不是民主，只能是正義包裝的暴政。

香港的精英們，繼續沉默，容忍這些「以暴達義」的行為，香港將永遠沉淪。

2019年08月14日

2.3

破壞死物論

一場曠日持久的示威，對經濟的影響急速擴散。示威者與同情他們的人對運動所造成的經濟損失，無動於衷，例如暴徒闖入並大肆破壞立法會，同情示威的人都只是輕輕一句：「只係破壞死物啫」輕輕帶過。至於對經濟的損失，年輕人更加不屑一顧，他們不關心這些，只關心「民主自由」。

我研究政治，也涉獵經濟。Economics，中國本無此概念，清末傳到中國，翻譯成「經濟」，意謂經世濟民之學，當時中國國貧民弱，亟欲學習西方營運事業、惠及人民的學說。看經濟問題，如只看數字，好像冷冰冰的，例如說這場運動令到來港旅客人數大跌，令香港旅遊收益每月減少了140億元，數字巨大，但乍看沒有太大的感覺。但當你了解受影響苦主的慘況，才會有一點感性認識。

在朋友聚會中，講到兩個真實個案。有朋友的表弟經營日本餐廳，他在銅鑼灣的餐廳，以前生意很好，賓客盈門，既有內地旅客，也有不少本地的生意人。但這兩個月生意冷清，整個晚上經常只有一、兩枱客人，餐廳內連廚房，員工人數十人以上，

比客人還要多。餐廳老闆用「蝕到喊」來形容，每月單計舖租十多萬元，但生意只有幾萬元，連買食材也不夠，他打算捱多一個月，就會把餐廳結業。

朋友引述40多歲的餐廳老闆講到喊。他的奮鬥可以說是典型的香港故事，當年讀書不成，做廚房學師。廚房工作辛苦，令他知道要奮鬥拚搏，日後才會有更好的生活。他捱着捱着，終於成為大廚。其後得到一個有錢的食客賞識，打本給他出來另起爐灶，開了一家日本餐廳，捱了十年，置了業，成了家，孩子正在念小學，還打算送孩子到外國留學。

但餐廳老闆的美滿家庭、這個香港成功的故事，卻因為這場暴亂瞬間幻滅。他所有的身家便就是這家餐廳，餐廳結業將欠下一屁股的債，住所還有八年才供滿，孩子讀國際學校的開支不知如何支付，更遑論出國留學了。他的人生就像突然熄燈一樣，十多二十年的努力成果，轉眼灰飛煙滅。他問：「為甚麼別人可以剝奪了我十幾二十年的努力成果？一些人爭取他們的自由，為甚麼可以影響了我兒子就學的自由、影響我一家人尋求美好生活的自由？」這些問題的確難答。

另一位「苦主」是我舊同學的導遊親戚。他今年30多歲，他說見到將軍澳有一個導遊因為兩星期沒有工開，走去斬人的新聞，他說也想去斬人。舊同學馬上勸他不要衝動，要多多忍耐。這

個導遊親戚的生活下跌得太快，生活壓力太大，情緒有點失控。他住在公屋，居住生活開支不算太高，過去月入有兩、三萬，一家人活得少少像「中產」。但暴動爆發，他已一個多月沒有開工，女兒年紀又小，一場運動，火速把他一家人的正常生活摧毀。

導遊親戚正陷入一個艱難處境，究竟應該離開已做了十多年的導遊行業，尋找新的體力勞動工作（沒有其他文職工作他懂得做），還是再等待一段時間，希望這場風波盡快平息？但他的老闆告訴他，這場風波已令到內地人極其憤恨香港，擔心風波不會三、兩個內會完，叫他做好長期停業的打算。他感到極之無奈。朋友覺得他已有嚴重抑鬱症的傾向，勸他看看精神科醫生去控制情緒。

當經濟變成活生生的例子的時候，便不是「死物」了。試想想，每月減少140億元的旅遊收入，粗略算三分之一是相關行業的工資成本，是在說20萬員工的事情，行業驟變令到不少的家庭大受壓力，這非超現實的故事。

一些中產的人士，積蓄豐厚，他們的下一代，有家庭照顧，生活無憂，當然可以很輕鬆地說「破壞死物論」，不用關心經濟。但他們在爭取自由權利的同時，卻完全剝奪了其他人爭取正常生活的自由，這樣做，公平嗎？

2019年09月13日

2.4

恐怖主義已見雛形

香港政壇的激進勢力不斷細胞分裂，茁壯成長，令本地政治已經陷入一個極不穩定的狀態。對外與中央嚴重對抗，對內則形成社會內部的藍黃撕裂。

激進政治主要朝兩個方面發展，在議會之內，透過拉布攬炒，令到施政效率急降，逐步癱瘓政府；而在街頭，是暴力恐怖主義的抬頭，將一切問題政治化，以暴力甚至恐怖主義方式，逼使所有人完全接受他們的政治訴求，否則就會向你施襲。今天集中講講暴恐主義的遺害。

香港向來是一個安全城市，但自從去年（2019年）反修例事件之後，街頭暴力愈趨激化，開始有恐怖主義色彩。在新冠病毒襲港之初，有人提出要針對內地全面封關訴求，隨後便出現多次放置爆炸品和爆炸的恐襲事件，包括2020年1月27日在明愛醫院的廁所內、1月28日在深圳關口岸和2月2日在羅湖站月台，甚至導致小型爆炸。事後更有人在社交平台 Telegram 發文承認責任，揚言放置炸彈是要逼特區政府全面封關和支援醫護人員罷工。

警方有組織及三合會調查科追蹤和分析大量情報之後，終於鎖定了一個製造土製炸彈的團夥，在3月初搜查了22個目標地點，在大角咀必發道一幢商業樓宇的3個單位內，檢獲多達2.6噸的製造爆炸品原料和三個遙控土製炸彈半製成品，每個土製炸彈都含有1.5公斤炸藥。警方情報顯示，這個炸彈團夥正計劃用那三個土製炸彈，在公眾活動中使用，目的是要殺害警務人員。

當日我看這段新聞的時候，讀到「2.6噸爆炸品原料」，以為是看錯了個「噸」字，只是2.6公斤，後來再看警方的現場報道，的確是2.6噸！想不到香港的暴恐主義可以發展得這樣快，如果這2.6噸的爆炸品原料全部製成炸彈，會不會把半個香港炸爛？但令我更驚訝的是，對於這單新聞的「無感」，既沒有見到很多報刊用這單新聞作為頭條，也沒有惹起很多人的談論。

抽離一點地分析，或許是因為警方在匪徒犯罪之前成功破獲這個製造炸彈中心，沒有見到罪行發生所造成的嚴重後果，所以感覺不強。固然，也不能排除有很多人戴了政治的有色眼鏡，根本不相信這是事實，以為是警方插贓。後來我有機會見到警方高層時提問，警方是否已經全部破獲本地的製造炸彈或者擁有槍枝的暴力政治團夥？警方高層說，能夠破獲的罪案，通常只是冰山一角。答案可想而知。

潛在的爆炸或槍擊恐襲危機，已經在社會內部發芽滋長。尤其

令人憂慮的是，這些擁有炸彈或槍枝的團夥，已經本地化。或許在初時，有外部勢力在策劃鼓動，但現時警方所破獲的暴力團夥，都是本地年輕人自行組成的，甚至連中學生也有積極參與。聞說警方想引用反恐條例去起訴這些人，但不知道能否過到律政司一關。

暴力恐怖主義能夠滋長，需要有合適的政治土壤。分析政治不外乎從兩方面入手，一個是意識形態，一個是組織，而前者往往更為重要。香港社會沒有很嚴重的種族或宗教衝突，本來不容易產生暴恐主義。

問題是香港的激進政團在過去十多年，不斷地大力推動激進的政治意識形態，外表以民主自由作為包裝，讓人覺得他們有高尚理想，以抵抗阿爺為對象，做出排外的假想敵。激進政團向年輕人灌輸中央政府以至香港特區政府都是暴政的概念，話以正常的手段去爭取民主自由，她們是不會聽的，所以需要使用激進手段。

過往在一些專制社會很常見，專制領袖都說是為了人民的利益，才採取極端手段行事。但香港本來就是一個很自由的社會，但偏偏有人吹噓要為香港人爭取自由，更要用激進的手段去爭取，連放炸彈殺人殺警都是合理的。

很多問題的緣起，都是政治意識形態，當社會上只有一把激進的聲音，而政府和建制派見到明知是錯的事情，卻放棄糾正和論述，公眾很容易便以假為真，習非成是。當出現了2.6噸製造炸彈的原料，社會大眾仍未警醒，恐怕更大的災難，將接踵而來。

2020年04月17日

2.5

一名黑衣女士，展現人性光輝

上周日（2019年7月14日）新城市廣場爆發驚嚇的警民衝突場面，其中一幕是一個警員被群眾包圍暴打，過程相當嚇人。我細心翻看幾條相關視頻，嘗試理解群眾的暴力行為，以及周遭人士的反應，希望對事件有更深入的了解。

當時新城市廣場內的警察人數很少，而聚集了的示威群眾很多，一名警員走下扶手電梯的時候，被一名示威者從後攻擊猛踢，警員滾落電梯倒地，大群示威者衝前對該警員拳打腳踢，還有人用雨傘狂插他。有一名勇敢的攝影記者撲上前，阻擋示威者繼續打人。

對於該名攝記的仁義行為，傳媒已有廣泛報道。我卻發現當時另有一位穿黑裙、挽着手袋的中年女士，正從扶手電梯走下來，見到大量示威者暴打警員，她馬上趨前，嘗試阻止示威者打人。在攝記推開幾名想繼續襲擊警員的示威者的同時，那名女士亦擠入人群，張開雙手阻止示威者繼續打警員。隨着有更多攝記跑上前護着警員，打人的示威者才散去，這名黑衣女士見到情況受控，亦慢慢回頭走上扶手電梯離開。整個過程維持了大約

15秒，這位黑衣女士雖然身材瘦弱，但見到有人被打，仍敢於挺身而出，在剎那之間，展現了人性的光輝。被打的警員後來被同袍救走，面骨爆裂，但撿回性命，若無人阻止，他可能已被雨傘插死。

把當晚幾條不同環境的視頻綜合起來，就會知道當時在好運中心平台上，有示威者用磚頭擲向街上的警員，警員為了制止示威者擲磚，便走入新城市廣場內，試圖穿過新城市廣場，走到好運中心。但進入新城市廣場之後，落了單的警員便被大量示威者如野獸般圍毆，情況慘不忍睹。

究竟這些可怕的政治暴力，是如何形成的？為甚麼可以在一瞬之間，把一個平日正正常常的人變成野獸？這讓我想起政治哲學家漢娜·鄂蘭（Hannah Arendt），她是美籍猶太人，原籍德國，深受納粹政權的壓迫，以研究極權主義和政治暴力見稱。

鄂蘭的著作《論暴力》（*On Violence*） 對政治暴力有深刻的觀察。她有一段描述暴力的金句：「權力和暴力是相反的，當政府擁有着絕對的權力的時候，政治暴力便會消失無蹤。當政府的權力崩壞，政治暴力便會出現，任由暴力發展下去，會直至政治權力完全消失為止。」

如果我們假設香港的政治衝突，不是因為外力引起，純粹是群

眾的自發行為，群眾是想透過暴力抗爭，達成一些政治目的。但鄂蘭指出，「如果暴力抗爭的目的不能迅速達到，那麼後果不僅是目的的挫敗，而且是就此將暴力行為引入整個社會政治。」政府的壓制和群罪的反抗，形成惡性循環。

她認為：「暴力行為的後果是不可逆轉的，暴力抗爭行為失敗後，幾無可能回到原來的現狀。和一切其他行為一樣，暴力行為在沒有達到目的的情況下，也會改變現實世界，這是一種使世界變得更暴力的改變。」

看完鄂蘭的分析，不難有此結論，暴力不斷升溫，標誌着有理性能力的人正不斷退化，不止是個人的退化，而且是整個社會文明的退化。

或許香港頌揚政治暴力的政客，除了想達成政治理想之外，也有選舉的考慮，他們不想得罪行使暴力的青年群眾，以免影響自己的票源，例如以毛孟靜為代表的反對派議員，就聲言不會與暴力割席。真正令人擔心的是，他們這些使暴力合理化的行徑，客觀上除了可獲得選票之外，不會達成任何崇高的政治理想，只會令到香港的社會文明不斷倒退，令到香港慢慢退化成一個野蠻世界。

2019 年 07 月 18 日

2.6

聽聽一名普通英國人的聲音

2019年7月2日凌晨暴力衝擊立法會事件過後，美化暴力的宣傳在網上湧現，把一件嚴重違法事件說成是「有文化、有教養」的示威。幸好濁世中還有清音，我在網上看到一條短片，當天一名英國人在立法會門外接受訪問，講出一些普通人的意見。

他名叫 Peter Bentley，年約60多歲，他說在香港居住了35年，已經變成香港人，他在香港和中國內地工作了30年，從事銷售瑞士、美國、德國等科技產品，現在已退休，長居香港。他說話中顯示他參與了7月1日大遊行，但被其後的衝擊立法會事件嚇壞了。他說，見到暴力示威者對立法會造成這種「骯髒惡心」的樣子，他說當晚就哭了，因為他愛香港、愛中國，他認為這些暴力示威，至少阻礙了香港兩到三代人的和平發展，甚至對中國來說，四、五代人都會有負面影響，令人極之難過。

Peter Bentley 說示威者可能覺得他們做的都是好事，但衝入立法會的大多數人是暴徒和破壞者，是專門找警察鬥爭的人。他們不知道他們所做的事對世界四分之一的人口造成巨大破壞，這是最令人傷心的事情。

記者追問 Bentley，年輕人擔心自己未來，覺得有權利這樣做。他回答，他們有權利抗議，有權利投票，但沒有權利做出暴力行為，香港是法治的地方，沒有人有權利這樣做。他說：「如果我去到你家，把你家砸得一團糟，把珍貴的東面打碎，然後轉身離開，跟你說，對不起，我就是不喜歡你！我有權那樣做嗎？所有人都沒有權利這樣做。」

他更表示，當晚的示威者如果面對的是西方民主國家如英國、美國、法國、德國的防暴隊的話，他們會使用真正子彈，而不會使用橡膠子彈，將導致幾十甚至幾百人被殺傷。香港是一個自由地方，自由到很少是你不能夠做的事情。這是一個悲劇，年輕人根本不明白這點，他們沒有意識到香港生活有多美好，他覺得西方人也不理解這一點。

我不認識這名英國人，他只是一個普通人，但從他的言談中，覺得他對香港有深厚的感情。他認識的自由民主，與我在 30 年前讀大學時，聽到的外國教授所講的一模一樣。那時教授教我，自由和法治伴隨民主而生，個人自由不能影響其他人的自由，民主也不能夠破壞法治。

英國經過了幾百年的爭取，才爭取到民主自由法治，知道這些東西的可貴，亦明白背後相關的理念。即使是一名普通的英國人，他對民主的了解，都會比香港的政客好，也會比英國的政

客好。我到外國時，有時也會到當地的公共泳池游泳，在紐約公共泳池見到美國人游泳，十之八九都是標準的自由式，都是正宗姿勢，有板有眼。但在香港的泳池，游泳的人泳式五花八門，游泳姿勢正確標準的人卻很少。香港人所謂的民主，就像西多士一樣，不會在法蘭西吃得到，又例如瑞士雞翼，不會在瑞士找得到。從食物到民主，在香港都會變得發生異變，變到連發源地的人都不會認識。

你可能會反駁，英國外相侯俊偉（Jeremy Hunt）亦質疑香港政府，說英國支持香港居民捍衛英國為其爭取的自由。他的說法等如變相認同香港的暴力示威。中國外交部發言人耿爽也回應得很好，說英國統治香港的時候，毫無民主可言。耿爽說：「我要問問侯俊偉先生，如果英國議會被圍攻和破壞，英國政府會坐視不管嗎？如果這就是侯俊偉先生所說的就是所謂民主，英國是否把嚴密把守英國議會的警察撤走，讓在對面的示威者進入英國議會。英國政府是否認為倫敦警方處理 2011 年 8 月的騷亂事件也是鎮壓？」

政客就是這樣，雙重標準，口是心非。英國的如是，香港的也如是。侯俊偉正在角逐英國首相職位，對中國的態度就突然變得激進，想拉升民望。我倒覺得上述老香港 Peter Bentley 直接地講出事實，就如小孩見到沒有穿衣服的皇帝一樣，他見到闖入立法會的暴力示威者，是暴徒和破壞者。他會因而落淚，

覺得這種行為是民主很差的示範，令到香港以至中國，未來都很難發展民主。

2019年07月04日

2.7

政治高熱 · 暴力 · 仇恨

香港的反《逃犯條例》風波,最後演變成佔據立法會的暴力事件。看支持佔據者的網上的宣傳充斥着甚麼「死士」、「嗜血政權」等字眼,充滿着仇恨。

這讓我想起早前看到英國一位深度調查記者 Carole Cadwalladr 的一個演講,她追查了 2016 年英國脫歐公投和同年的美國總統大選,質疑兩次投票都被人操控,當中的關鍵是有一家名叫「劍橋分析」的公司,該公司的老闆 Robert Mercer 與特朗普關係友好。Carole Cadwalladr 深入追查之後,發現「劍橋分析」掌握了大量英美兩國人民在社交媒體上的數據,透過分析這些數據,知道了他們的恐懼和仇恨。操控者針對不同人群的特點,針對性地在社交媒體做政治宣傳,激發他們去投票,從而影響英國脫歐公投和美國總統大選,結果令英國在全民公投以微弱多數贊成脫歐,以及特朗普在各方不看好的情況下贏得總統大選。

英國這樣重要的國家脫離了歐盟,對歐盟不利,但對美國及俄羅斯有利;而特朗普當選美國總統,自然對特朗普和俄羅斯有利。我從來覺得政治太多謊言,要從事件的實際得益者着眼,

方能夠分析到幕後的黑手。

回頭說香港的立法會佔領，我不敢質疑那些「死士」的真誠度，但整場佔領立法會事件的設計，實在太像台灣的太陽花運動。事件發生之後，連美國駐港總領事唐偉康（Kurt Tong）也說對香港發生這樣的衝擊法治的事情，感到震驚。

但暴力佔據事件發生後，卻有人不斷地在網上做宣傳工作，把事件包裝成一個「有文化、有教養」的佔領，是「有秩序的暴力」等等。他們更散發一些衝擊立法會現場的照片，例如暴力衝擊者保護立法會的圖書，又或他們從雪櫃拿了飲品之後，留下一些金錢。至於暴力衝擊者保護圖書的同時，把整個立法會圖書館完全破壞了，或者有人拿了飲品留下金錢，但對有人偷走立法會的電腦，卻隻字不提。我認為暴力就是暴力，一些台灣化的宣傳，把暴力美化和浪漫化，最後只會帶來更可怕的暴力。

至於說特區政府是「嗜血政權」，我覺得這偏離事實太遠。特區政府不但不嗜血，還很怕見到血。在警方清場後，有人質疑為甚麼示威者陸續撤離到只剩下幾十人的時候，為甚麼警察不全面包圍立法會，把這些人如甕中捉鱉一樣，全部拘捕，即使放他們離去，也應搜身或留下他們的身份證資料，無需再在事後搜證這樣困難。如果純粹從警察執行正常職務而言，這些意見十分合理。但質疑的人忽視了警察若強行圍捕，即使立法會

只剩下幾十名示威者，也會發生極端暴力衝突，出現打得雙方頭破血流的場面，當示威者血流披面的景況，被傳媒拍下並選擇性地報道，公眾勢必會同情這些「天真純良的義士」，政治局面進一步惡化。

政府不嗜血，怕見血，也有很明確的理由。

散播仇恨、美化暴力去提高政治熱度，這是一種政治操弄。有不少人問，事件應該如何善後？我覺得最佳的善後，不是在此時此刻搞甚麼所謂的對話，大家正殺紅了眼時，對話根本對不出甚麼所以然來，首先還是要降低政治熱度，呼籲停止散播仇恨，不要把暴力美化和浪漫化。

尤其是老師，不可以在學校做這些事情，否則他們是教壞了學生、送他們上路，犧牲了他們的前途甚至生命，對不起一代的香港人。

2019年07月03日

2.8

大人不會明白的「焦土派」

早兩天（2019年7月29日）提到激進大學生講到最好「搞死香港，搞衰中國，迫解放軍出手，證明一國兩制失敗」，這不是一種隨意言論，這代表了「焦土派」的思想。

香港這個自由開放之地，我都信有外國、外地勢力插手本地政治，搞亂香港，作為她們和阿爺討價還價的籌碼。但有外力，也有內因，要觀察本地激進勢力的根源，不能不了解「焦土派」。

在2014年佔中之後，明獨暗獨的本土派勢力大漲，2016年9月大舉進佔立法會，反對派分裂成兩大陣營，形成一個建制派、泛民主派和本土派鼎足而立之局。不過隨着政府 DQ 議員出局和梁天琦入獄，本土派如一現之曇花，轉眼風消雲散。本土派不能在議會佔一席位，慢慢碎片化變成焦土派。

先講「焦土」這個名字。名字的根源本來是「焦泛民之土」，當年激進派覺得泛民霸着茅坑不拉屎，佔了立法會議席，但沒有為他們爭取權益，所以專門倒泛民之台。近至2018年兩次立法會補選，泛民兩次都輸掉議席，其中一個原因，就是「焦土派」

宣傳「寧要射票落海，不要投畀泛民」。

泛民在補選的失敗，令人開始注意「焦土派」的存在。當然到了今天，焦土派也不單是焦泛民之土了。值得一提的是，政府在衝突升級後和泛民保持對話，甚至想做他們建議的事去降溫。但政府最想停止的是暴力的示威，但這些暴力焦土派根本和泛民勢不兩立，泛民又怎可以代表他們呢？

「焦土派」的產生背景。大人很難明白焦土派那種「搞死香港，搞衰中國」的「攬炒」概念，有「唔知佢地為乜」的感覺。焦土的思想源於激進泛民，但亦和2011年的「佔領華爾街」運動有關。2011年爆發「阿拉伯之春」，當時多個中東國家相繼因街頭示威運動爆發革命，觸發美國的激進青年認為，99%的人無法再容忍1%的人貪婪與腐敗，搞佔領華爾街運動。這是一種革命思維，想透過街頭運動，推翻現有制度，建立新制度。

香港的焦土派青年會覺得自己 Nothing to Lose（沒有甚麼可以失去）。一個焦土派年輕人話：「打份工幾年，得萬零銀，想結婚，住喺邊？買樓買唔起，公屋住唔到，做嘢無前途，有乜嘢唔做得？」（當然文字經過淨化，刪去很多粗口）。

焦土派寄望於危險的「支爆」觀念。當大人不知焦土派激進的示威行動為何會成功時，其實他們寄情於「支爆」的出現。所謂「支

爆」，即是「支那爆破」，容許我戴一戴頭盔，我自己絕不同意把中國稱為「支那」，但他們就在想像着中國經濟會崩潰，政治會崩潰。大人們很怕中國崩潰，相信中國四分五裂時，會變成利比亞、敍利亞那樣，香港也難免遭逢戰亂。但焦土派卻期望着這些事情的來臨，很天真地覺得到時會有一個新香港。

或許焦土派沒有很緊密的組織，都是零散分割，甚至更像是一套鬆散的政治理念，正在網上到處散播，把普通青年變成暴力示威者。如果一般示威者遊行反對逃犯條例是基於恐懼，暴力示威者行動更多是源於仇恨，是對警察、對政府的仇恨。簡單講，他們不是在反對一個政策，他們是在搞革命，想推翻現有制度。明乎此，對警方找到那1.5公斤 TATP 烈性炸藥就不應感到奇怪了，當中最最激進的一群，正把暴力行動不斷升級。警方除了出手制止，別無他法。

最後值得一提的是香港的特殊性。香港不是一個獨立國家，只是中國之下的特別行政區。在香港搞暴力革命，若翻起巨浪，結局不會是中國分裂變天，只會是香港一國一制。

2019年07月31日

③

長路漫漫：香港民主及政制發展

3.1

何必要中央撕破面紗

上週六（2017年5月27日）北京舉行紀念香港《基本法》實施20周年座談會，負責香港事務的人大委員長張德江在會上表示，香港要把握一國兩制的根本宗旨，香港高度自治是由中央授權予特區政府，並非分權，香港不能與中央對抗。張德江這些言論激起泛民的激烈反應。

張德江在會上說，對宣揚「本土自決」、「香港獨立」，這對危害國家統一的港獨行為，需要打擊，絕對不能對此視若無睹。他又強調要堅持行政長官為核心行政主導，指香港不是三權分立，立法及行政機關需要支持行政長官的施政。

昨天（2017年5月28日）剛好遇上「六四」遊行，遊行人士炮轟張德江的言論，說他公然違反「一國兩制」、「港人治港、高度自治」，希望「香港人」要站出來。也有遊行人士反問道香港怎麼會不是三權分立？說根本沒有可能是行政主導。形容內地踐踏三權分立，等同「搞我屋企，肯定同佢搏過。」

張德江這些講法，部份香港人覺得「唔啱聽」，的確是事實。但

如果說這些講話是公然違反「一國兩制」，甚至質疑香港為甚麼不是三權分立，卻偏離了歷史事實。我在80年代一直有採訪《基本法》的起草，很清楚中央對《基本法》的整個框架設計和基本思維，如今記憶猶新。可以分開兩方面去討論。

第一，香港權力是中央授予的。《基本法》是香港的憲制性文件，在起草《基本法》的時候，英國人提出一個所謂「剩餘權力」（Residual Power）的概念，即是說《基本法》沒有寫的權力，就是剩餘權力，歸香港所有。英國人透過自己支持的草委，在起草委員會中推動「剩餘權力」的觀念。當時中央很明確地反對，理由是中國是單一制國家，不是聯邦制國家，所有地方權力都是由中央授予的，不存在剩餘的概念，所有的權力都在中央。

聯邦制國家像美國，就存在這種「剩餘權力」。美國的全名是「美利堅合眾國」（United States of America），由50個國（State）組成。州其實是國家的意思，即是由50個國家聯合起來組成一個聯邦國。州授權予聯邦政府（Federal Government），州沒有授權的，就由州保留。所以，美國不同的州有不同的法律，例如在某些州，吸食大麻是合法的。聯邦的設計也保障了州的利益，例如每個州不論大小，都會派兩名代表做參議院議員，所有法案都要參議院和眾議院通過，以保證較小的州的權力不致被剝奪。

中國不是聯邦，是單一制國家，香港只是中國的一個特別行政區。香港的權力比其他內地城市大很多，其實只是中央授予香港多一些權力而已。例如授權香港實行資本主義制度，容許香港不用將部分財政收入上繳等等。然而，這些權力並不是香港固有的，而是由中央授予的。

中央如今把這些等如單一制國家的「ABC 道理」講出來，主要是針對港獨派說香港「與生俱來」擁有民族和權力的講法並無根據。

第二，是三權分立的問題。有部份年輕人大大聲聲說香港從來都是三權分立，並不奇怪，也可以理解，年紀較大的人，都應該知道事實不是這樣的，但他們卻「不講出聲」。1987 年 4 月 16 日，前中國領導人鄧小平會見了香港草委，他具體地講到三權分立這個問題。他說中國需要發展，就需要政局穩定和政策穩定。他直接地說，「香港制度不能完全西化，不能照搬西方的一套。現在就不是實行英國的制度、美國的制度，這樣也過去了一個半世紀。現在如果完全照搬，比如搞三權分立，搞英美議會制度，並以此來判斷是否民主，恐怕是不適宜的。」

他又有提到：「還有一個問題必須說明，切不要以為香港事情全由香港人來管，中央一點都不管，萬事大吉了。這是不行的，這種想法不切實際……特別行政區是不是也會危害國家根本利益

的事情呢？難道就不會出來嗎？那時候，北京過不過問？」

重述這段歷史，只想告訴大家，香港權力由中央授予，北京從來都反對香港實施三權分立，這是他們30多年以來一直公開表述的立場，並無改變。強調這些說話，比較「唔啱聽」，所以中央過去比較少講。但是，當有香港人激烈反抗中央，甚至聲言使用暴力爭取獨立的時候，中央就覺得不能不講了。

我覺得這是一個惡性互動，香港人愈激烈，只會引來中央愈強硬回應，這就像銅牆鐵壁一樣，你很難將它撼動。我覺得無論是香港想爭取民主也好，希望中央少些干預也好，一定要明白這個現實。應該要用很有技巧的方式，用有商有量的手法，將中央帶到談判桌上，慢慢傾談，而不是逼中央揭開面紗，講出底線，強調對香港所擁有的權力。

我相信張德江這些說話，告訴的不只是泛民和本土派，也包括候任的特區政府班子，要他們明白，中央對很多問題是有底線的，切勿行得太遠。

2017年05月29日

3.2

無妥協，講普選，只會撕裂

中聯辦法律部部長王振民在北京出席一個香港回歸20周年研討會時，認為未來五年並非香港合適時間重啟政改。泛民的朋友回應話，中共十八屆五中全會公報寫明「推進民主、促進和諧」是對港政策之一，質疑王振民不代表中央。

討論誰代表中央沒有意思，話中聯辦不代表中央的言論，很多人在特首選舉時已講過，最後證明這只是泛民不了解中央的誤判。我們可以將王振民的代表性問題放在一邊，先看看他的推論是否合理。

王振民話：香港過去用了多年時間處理政改但都不成功，反對的人永遠都反對，令人記憶猶新。香港未來五年、十年不能將時間都花在政改上。他認為解決住房、經濟、民生問題更能解決社會撕裂。

林鄭月娥當選特首，努力想減少社會撕裂。而反對政府最大的泛民政黨，聲稱撕裂源於香港沒有「真普選」，所以要重啟政改，實現「真普選」，社會就沒有撕裂。他們當然會反對王振民話五

年不宜政改之說。

若要為這種「有民主無撕裂」找一種理論基礎，恐怕著名的美籍日裔學者福山的「歷史終結論」，就是最好的基礎。我上星期（2017年4月20日）提過美國著名政治學者亨廷頓在上世紀60年代提出疑問，話很多新興國家在二戰後走上西方民主之路，但不單沒有發展，連基本的政治穩定也保證不了。亨廷頓認為是社會動員超越政治機構發展時，新的社會行為者發現他們無法參與政治而產生挫折感，結果便出現政治混亂。

有趣的是，福山是亨廷頓的徒弟，但他卻不信老師追求政治穩定的一套，反而提出更極端的信奉民主制理論。福山在1989年蘇聯倒台的前夕，在國際事務期刊《國家利益》（*The National Interest*）上發表名為《歷史的終結？》（*The End of History and the Last Man*）的論文，預言西方國家「自由民主制」，可能是人類社會演化的終點、是人類政府的最終形式，被視為「歷史終結論」。

隨後蘇聯和東歐鐵幕國家的共產政權紛紛倒台，福山的「歷史終結論」，由於配合當時的國際政治形勢，一炮而紅，福山亦成為美國政府推崇備至的「理論導師」。

但20多年過去，解體後俄羅斯和東歐諸國，沒有太多成功變為

民主國家的例子，政治反覆，經濟發展亦乏善足陳。到2008年美國爆發金融海嘯，歐洲又有債務危機，貧窮和失業危機席捲各行各業；此時中國卻崛起成為第二大經濟體，世界對西方資本主義式民主制度的信心已大不如前，再看福山的「歷史終結論」就變得相當諷刺。

到2016年福山推出《政治秩序與政治衰敗》（*Political Order and Political Decay*）一書，對當年作的結論作出修正，他認為在法治、民主問責之外，加入「國家治理能力」這個第三變量，認為很多國家在這三項中前兩項得分高，但是第三項得分很低，造成發展不如預期。他由對美國制度推崇備至，變成對美國和中國制度各有批評。

長篇引述福山這個大師級人物的理論變化，只想說明一點，民主制度雖有明顯優點（防止暴政），但沒有人能確立民主制是政治制度的終極模式，甚至不能證明這是新興國家／社會一種有效制度。我們不要迷信民主可以解決所有問題（包括撕裂問題），更不用不問代價地急促推進民主制。

泛民認為推動普選可減少社會撕裂，我卻認為在現今社會氛圍下，政治對立如此之強，妥協文化如此之弱，55%支持泛民的群眾，和45%支持建制的群眾，各不相讓。有甚麼政改方案可以得到立法會三分之二通過？若無人有把握提出雙方可接受的

妥協方案，勉強重啟政改，不會彌合社會裂痕，只會增加撕裂。

2017年04月24日

3.3

劣質民主是民主制的最大敵人

一批浸會大學學生因不滿學校的普通話考試太難，上周三（2018年1月17日）佔領校內的語文中心長達八小時，期間不斷指罵中心的老師及職員，行為令人側目。

其中浸大學生會會長劉子頎更用粗口辱罵一名英語女教師，該英語教師嘗試向學生解釋事件，劉子頎卻要求另找「話到事的人」，話「嗰家係我 Judge（批判）你哋！……你話唔 X 回應！」該女教師則反問：「你們知道應如何對老師講說話嗎？」

其後一名上年紀的外籍女老師前來協助該名女教師，話「現時情況令我感覺受威嚇」，要求學生退後，一名男學生不但不理，反而再衝前指罵那兩位女士。

看完片段只有搖頭興歎。又是一宗佔領事件，又是因為示威表達訴求不果，佔領不走，不理當事人的人身自由，甚至安全受到威脅。從佔中，到港大學生包圍校委會，再到這次浸大事件，性質都是一樣，示威者將自己的自由凌駕他人的自由，是「劣質民主」的典型。由於學生採用的示威方式令人難以接受，也沒有人去看他們示威有沒有道理了。

看到這些事件，最高興的應該是建制派，最痛苦的是民主派，這是一個親者痛、仇者快的格局。如果說過去高官鬧出這麼多僭建風波，為何律政司司長鄭若驊上任前不搞好自己的僭建？過去也有很多激進派的佔領搞到神憎鬼厭，為何學生仍然繼續做？難度歷史真是這樣無意義地不斷重複？

民主老大哥美國也在上演劣質民主的好戲，就是不通過臨時支出法案，令聯邦政府關門。今次的爭拗是移民問題，重點是「童年抵達者暫緩驅逐辦法」（DACA），特朗普要取消 DACA，趕走這些「非法移民」，主要是奧巴馬年代收容的薩爾瓦多難民，而多位民主黨參議員則堅持，如果預算法案不包括通過 DACA 的話，就會抵制表決。

結果上周四（1月18日）美國眾議院通過了臨時支出法案，讓政府可以繼續運作到2月16日，但參議院卻在上周五（1月19日）否決法案，結果令聯邦政府關門大吉！美國因為政黨鬥爭令政府關門不是首次，最長一次發生在1995年，關門21天；上一次在奧巴馬時代，政府關門17天。反對黨派議員也不敢令政府長期不能運作，但偏要令政府關關門展示實力。政治變成黨派相爭的遊戲，只是麻煩了要用政府服務的民眾。

這是第三波西方民主的退潮。這一波民主的起點是上世紀70年

代的中期，高潮是90年代的初期，蘇聯解體和東歐鐵幕解散，走向高峰。但其後西方民主制的勢頭急促滑落，新保守主義和民粹主義的興起，令本來已有病的民主制度快速變質，帶來各種各樣的治理危機，好像病毒一樣，感染全世界。

如今你愛西方民主制度，主要有兩種樣板，要麼就學特朗普式保守排外，香港反陸客的踢篋行為，就屬此類。要麼就學佔領運動，本來這是民粹式反財團壟斷的運動（佔領華爾街），來到香港就變成粗口式暴力式佔領。

民主制講理性法治，講權力約制，但異變成新保守主義，就完全被財團操控，令財富分配極度不均；異變成民粹主義，就成為暴民政治，令人失去安全感，兩者皆屬民主制的最大敵人。劣質民主流行，治理危機失控，就會令人相信，溫和專政，才是最佳的制度，所以民主的信徒，最應該譴責這些暴力佔領行為。

2018年01月22日

3.4

一個搞壞了的民主制度還有用嗎？

前兩天（2019年5月14日）我評論立法會《逃犯條例》委員會出現真假主席的事情，有朋友贈了我四個字：「顛倒黑白」，對這個評語，值得一書。

我經常與反對派朋友議論政治，相當了解他們的觀點。他們認為涂謹申的一方是白，而建議派的一方是黑，見到我說涂謹申是假主席，就說我「顛倒黑白」了。他們背後的理據主要有兩個，第一，以牙還牙，絕對合理。立法會內務委員會單方面發出指引，要撤換《逃犯條例》委員會內最資深的議員涂謹申的主持職位，換上建制派的石禮謙，建制派既然可以做初一，反對派當然可以做十五了。涂謹申與反對派議員自行開會，選自己為主席，也是完全合理、合法。第二，對抗不義，別無他途。從佔中到拉布，到今次的議會亂局，反對派有一個理念，我甚至聽到有中學生也這樣說，建制派在議會內佔了多數，意圖通過不義的法律，如果不採取非常規方式抗爭，便無法阻止不義法律的通過。

反對派這些的觀點，已自成體系，完全背離從前泛民主派提出

的「和理非非」，即和平、理性、 非暴力、非粗口的原則。他們認為這些原則經已過時，已不受年輕人歡迎，所以激進派以至本土派才會冒出頭來，傳統泛民為了奪回年輕人的支持，也變得愈來愈激進，令到上述「 非常規抗爭」的觀點大行其道。

在西方傳統民主國家的議會，如英國、法國以至美國，政府想要通過被認為是不義的法律，或許會出現街頭抗爭，但鮮有議會暴力，在議會中大打出手的場面，只會在發展中國家出現，主要因為了解民主制度運作的人，不會做傷害民主制度的事情。

民主制度有異於專制制度，是因為民主制度是一個以規則為主的制度。大家定好了遊戲規則之後，就按規則行事。議會開會少數服從多數，有時會出現被部份人認為不公義的結果，但大家還是會繼續按規則辦事。因為不按規則行事，制度也沒有了意義。

香港的反對派，一直在爭取香港建立一個全面普選的制度。假設香港的立法會明天變成全部成員由分區直選產生，而反對派在選舉後佔了過半數，更由反對派的人士當了特首，如今的建制派變成少數派，假若他們玩現時反對派玩的一套，認為當權政府的政策不公義，於是癱瘓議會，天天拉布，工程項目撥款一年下來只有5% 到10% 通過，全面普選的政府運作維艱，這個民主制度，是否一個有效的制度呢？ 按上述「以牙還牙」理論，

你今天做初一，又怎保證他將來不可以做十五呢？

法國啟蒙時代的思想家、「法蘭西思想之父」伏爾泰有金句：雖然我不同意你的觀點，但我會誓死捍衛你說話的權利。這句說話道出了西方民主制度的精粹，就是定出了人人可以自由發言的規則後，就算我不同意你的意見，但仍然會捍衛你發言的權利。但按今天香港反對派的邏輯，如果我不同意你的觀點，我就會千方百計扼殺你說話的權利，因為你說的話並不正義。只要自覺目標正義，甚麼規則都可以不理。

立法會內務委員會有充份的權力去指示草案委員會的運作。內務委員會以簡單多數表決，建制派佔了多數，他們作出了撤換法案委員會主持的決定，阻止原有主持涂謹申拉布，這是完全合法的行為。反對派自行召開一個「草案委員會」，並不合法，這可以是一種抗爭手段，但無改其非法的性質。如果我說涂謹申是自選主席，就是「顛倒黑白」的話，那麼大家對黑與白的定義，的確有很大的分別。

在一個「你有你講，我有我講」、少數不用服從多數的世界，並不是一個民主世界。讓這情況繼續發展下去，恐怕將變成暴民政治，一個搞壞了的民主制度，還有甚麼用呢？

2019年05月16日

3.5

香港將重回一個經濟城市

秦皇失鹿，天下共逐。到如今把鹿捉回欄柵之內，大家便無鹿
可逐了。

我一直說，中央制訂《港區國安法》，只是開始，未來還有大戲
出台。說時遲那時快，中央要完善香港的政制的好戲，已經登
場。

香港的政制發展，就是一個權柄丟失的「失鹿」過程，可以遠溯
至1980年。當時的港督麥理浩於1979年訪華，他從領導人鄧小
平口中知道中國會於1997年恢復對香港行使主權，麥理浩回港
後馬上部署開放香港政制，由推行區議會選舉開始，到逐步把
原本全屬委任的立法局議席，快速引入選舉。英國人管治香港
百多年不願放出來的選舉權，在交回主權之前17年草草開放。

可惜的是，回歸24年，香港人唱不好這場民主的大戲，唱得荒
腔走板了。立法會反對派大黨除了聲援街頭暴亂之外，很多議
員跑到美國，叫人制裁自己的政府；有議員主持內會花了大半
年時間，也選不出一個內會主席；有議員見記者時大叫「天滅中

共」；還有沒完沒了的拉布。

香港政治，去到臨界點。最終搞到音樂停止，遊戲落幕。全國人大昨天（2021年3月5日）召開會議，提出完善香港政制，目標是要實現「愛國者治港」。據目前傳出的消息，香港的政制藍圖是咁嘅。

一、政制核心思路。全國人大常委會副委員長王晨話，完善香港選舉制度的總體思路是：以對選舉委員會重新構建和增加賦權為核心，進行總體制度設計，調整和優化選舉委員會的規模、組成和產生辦法，繼續由選舉委員會選舉產生行政長官，並賦予選舉委員會選舉產生較大比例的立法會議員，以及直接參與提名全部立法會議員候選人的新職能，形成一套有香港特色的新民主選舉制度。

未來的選委會是政制的核心，它既選出行政長官，又選出較大比例的立法會議員，它更擁有提名全部立法會議員的職能，確保可以把「非愛國者」踢出局。整個安排主要目的是強化「行政主導」，加強特首的執政能力。

二、行政長官的產生。現時1,200人的特首選舉委員會，將會擴大到1,500人。選委會新增第五個組別有300人，將由港區全國人大、全國政協以及部份社團領袖出任。可以想像，這新增的

300席，絕大部份都是愛國愛港人士。另外取消了的117席區議會互選席位，同樣會落入愛國人士之手。

有知情者估計，未來的選委會如此重要，愛國愛港力量一定佔據三分之二以上、甚至四分之三的席位。中央要求愛國力量在選委會內是「壓倒性多數」。這意味着反對派不能在選委會內逐步搶奪過半數席位變天，財團代表亦失去了與反對派聯合的「關鍵少數」位置，無法再利用選票槓桿去左右特首施政。

知情者形容阿爺今次出手的力度比想像中還要大，行動的效果也比想像中更為透徹，可以形容為「滴水不漏」。

三、立法會選舉。立法會將由70人擴展到90人。立法會會由目前直選及功能組別各佔35席平分秋色，變成選舉委員會組別、功能組別及直接選舉三分天下之局，而且不是30：30：30的等額比例，很可能是選委會為大，直選為小。相信直選不能保持現時35席，議席會減少。前人大常委范徐麗泰當日提出的最少10個選區，每區兩席，實行雙議席單票制的版本，有機會實現。

選委會對全體立法會議員的提名權，可以說是最後的安全閥，將不合格者全部排除出局。預計愛國愛港人士在立法會佔「壓倒性多數」，相信會超過三分之二，其他的也是「忠誠反對派」，不會是激進派。

蘿蔔青菜，各有所愛。對於香港政制這個巨變，支持和反對的聲音會同樣地大。

英國人在回歸前打開了香港選舉這個「潘多拉盒子」，盒內的精靈全部飛了出來，貪婪、虛偽、誹謗、嫉妒、痛苦等來到了人間，原本沒有任何災禍的世界，開始動盪不安。在過去這24年，把香港由一個經濟城市，變成一個政治城市。

如今阿爺扮演天神宙斯的角色，把「潘多拉盒子」重新合上。政治已沒有甚麼好玩，人們對政治熱情應會急降，香港可以重回一個經濟城市。特區政府也不用再花時間和精力去應付各種各類無休止的政治鬥爭，未來要一心一意，去解決香港的經濟民生問題了。

2021 年 03 月 06 日

3.6

轉變中香港的政治失序

全國人大作出完善香港政制的決定，授權人大常委會進行規劃香港新政制方案的工作。預計人大常委會最快會在本月底（2021年3月底）為香港政制拍板定案。這是2019年的「黑暴風波」之後，中央為香港撥亂反正的第二部曲，第一部曲是2020年6月制定《港區國安法》。至於有沒有第三部曲，就要看香港能否恢復政治秩序。

中美高層將於3月18日在阿拉斯加會談，相信中央修訂香港政制的藍圖，不會因為會談而改變。

港澳辦常務副主任張曉明強調，香港出現的問題不是要不要民主的問題，而是「涉及奪權與反奪權、顛覆與反顛覆、滲透與反滲透的較量」，中央沒有退讓的餘地。

現在回看香港2019年的那場風波，到處打砸燒，11月更發展到暴徒在眾目睽睽下放火燒人的地步，真如一場噩夢。在動亂的高潮時，我想起了美國政治學大師亨廷頓的名著《轉變社會中的政治秩序》（*Political Order in Changing Societies*）。這本名著

的最大價值，是點出在新興國家或地區，維持政治秩序及穩定，本身就是一個重要政治目標，可能比發展民主更為重要。

亨廷頓完書的時候是1968年。自1945年二次世界大戰結束之後，很多前西方殖民地紛紛獨立。她們很多都在西方扶持下，建立西方式的民主制度。

當時美國的主流學術界的發展理論，仍在高唱民主制度如何幫助這些新興國家復興之際，亨廷頓已經看出了問題，發現在轉變的社會中，一下子跳到西方的民主政制，大量地擴大民眾參與，很多國家不但不會發展出一個穩定高效的新制度，反而出現連場動亂，形式五花八門，演變成軍人政府有之，文人政府十分衰弱，不斷地轉換有之，反正就是不能維持政治秩序。出現政治衰敗比出現政治發展的機會大。失去了政治秩序，社會經濟發展無從說起。

亨廷頓當時提出這種意見，被主流社會視為是一種保守派理論。然而50年後的今天看來，他的確有真知灼見。他敢於講出一些被視為政治不正確的見解，點出了問題的核心。

世界發展到今天，從中東、非洲到亞洲，仍有大量新興國家，經歷了幾十年的試驗探索，在民主路上跌跌碰碰，大多數的國家最後得到的只是不穩定的民主制度，伴隨着非常落後的社會

經濟發展。

亨廷頓提出的核心思想是在傳統社會走向現代化的時候，舊有的社會組織急速解體，新興的利益群體蜂擁而至，政治參與度大增，但舊秩序打破了，新的秩序卻並未建立，照抄西方式民主制度，也不能在當地落地生根，結果是動亂頻生。

香港回歸24年以來的民主發展道路，亦相當坎坷，主要體現了兩種問題。第一種是政治動盪。擴大了政治參與之後，理論上可令到過去不能夠被代表的利益，在政制內表達，可以紓緩了政治壓力，提高政制的穩定性。但現實上卻恰恰相反，各種利益代表湧入政治體制之內，首先是對政府造成五花八門的約束，也讓外部勢力可以輕鬆地透過金錢或其他資助，培育本土代理人，在政制內興風作浪。他們提出一些連英美都無法做到的絕對民主口號，建議一些難以想像的攬炒行動綱領，以自殺式的方式推動所謂「一步到位」的民主政制，目的是要推翻中共政權，出現張曉明所形容的顛覆與奪權。

第二種問題是社會經濟發展完全受到窒礙，一方面是紛亂的政制吸扯了政府的注意力，政府花了九成的精力去解決政治問題和抬高自己的民望，以求維持執政；另一方面是大財團透過民主體制，左右政府施政。其中的一個例子是前殖民地政府在1997年出售了30,000個居屋單位，到今天的民選政府，每年只出售

了三千、四千個居屋單位。香港的發展完全扭曲了。

過去24年的情況，就像亨廷頓書中另一章，出現「轉變中香港的政治失序」。政治衰敗的狀況，十分明顯。如今只能靠阿爺有形之手，令香港回復政治秩序。

2021年03月13日

3.7

民主不是現在倒退，而是早已倒退了

全國人大決定完善香港政制，有人說是民主的倒退，更有人搬出1990年港澳辦主任姬鵬飛頒布《基本法》時的說明，指香港回歸後，將循序漸進發展普選，而現在普選成份將減少，指阿爺違背承諾。

探討這問題，可以用辯論式探討，亦可用學理式研究。從辯論角度，2014年中央接受特區政府提出普選方案，建議按《基本法》第45條，由提名委員會提名，普選特首，並於2017年實行。這是香港最靠近普選的時刻，但當時反對派不但不接受這方案，還發動大規模佔領運動推翻方案，堅持要用他們建議的公民提名方式來提名特首候選人。但《基本法》根本沒有「公民提名」這方式。

從辯論角度而言，阿爺已充份滿足了香港發展普選的承諾，已經仁至義盡。

換一個角度，可以認真研究香港過去發展民主問題。香港回歸24年，政制快速開放，究竟香港民主又發展成怎樣呢？

現時很多人講普選，好像將普選當成圖騰一樣，政制愈多普選成份就愈民主，真的嗎？

我們從西方民主政制發展的歷史，總結這制度可以達成甚麼功能，再看香港發展普選，有沒有達到這些功能。這是最傳統結構功能主義分析方法。第一，政治參與，利益均沾。西方民主政制在英國和法國衍生，無論英國 1689 年通過《權利法案》（*Bill of Rights*），確定國王的權力受到議會牽制，抑或法國大革命（1789 年）四年後，把法皇路易十六（Louis XVI）送上斷頭台，都是一個挑戰皇權過程，由貴族到新興資本家，透過議會分享政治權力，分沾利益。

但看香港回歸後發展民主形態，政治參與的確擴大了，但社會上利益卻向資本家再傾斜，特別在房屋方面反映出來，樓價租金飆升，不受約束。香港回歸前屬專制的政體，全由英國統治者話事，資本家反而未敢放肆。到回歸之後開始實踐民主，阿爺不去干預，資本家大量滲入政府的決策過程。香港擴展了政治參與，但政制利益均沾的功能不但沒有前進，還在後退。

第二，分享權力、穩定政局。為甚麼傳統皇帝願意把權力放出來，與貴族和新興資本家分享呢？主要是他們希望透過分享權力，從而獲取政治穩定，英國是一個成功例子，成功通過不流血革命，把君主立憲制確立，到今天英女皇還在台上。

但香港擴大了政治參與，不但沒有帶來政治穩定，還不斷出現動盪。2014年是重要的分水嶺，當年的「佔中」，群眾式政治突破了法律界線，演變成「犯法合理」。到2019年的反修例風波，發展到大範圍的街頭暴力，演化出一場要推翻特區以至中央政府的政變。選舉和政改誘發的暴亂，一次比一次大。發展民主不但不可以因為分享權力而帶來穩定，更吸引了陰謀家入場（部份有外地背景），企圖用街頭暴動，令香港變天，迫阿爺讓他們「共治」（真的有反對派政客和理論家曾經提出口了）。

制度陷入崩潰邊緣，民主早已變質。他們並不是透過選舉上台，而是透過街頭暴動，摧毀特區的管治意志。說「輸打贏要」，莫此為甚。做初一者，那能批評人家做十五呢？

第三，保障自由法治。民主只是西方民主政體的其中一種價值，自由和法治是另外兩大支柱，透過民主制擴大參與，可以約束專制政府的權力，持守法治，保障一般人的自由。但香港發展的民主制，卻出現一種暴力無政府式傾向。「私了」、「裝修」、放火燒人，法治蕩然無存。和反對派政見不同者的市民，人身自由完全無法保障，這是暴民政治不是民主政治。我們的「民主制度」，為何不可以阻止這些事情發生？在議會之內，選一個內會主席，居然選了大半年也選不出，主持會議的郭榮鏗來自法律界，法律界功能組別的選民對他有甚麼約束呢？他也來自公民黨，支持公民黨的選民有阻止他嗎？或許他的支持者，就是

喜歡以濫用制度的方式去爭取其政治目標，這顯然不是民主，而是民粹式的暴政。

未來政制普選的成份的確會減少，可以說普選倒退了。新制度若有利益均沾、穩定政局、保障自由法治的民主制度應有的功能，那麼民主就是進步，而不是退步了。

2021年03月17日

3.8

美國人：政府不在我們一邊？

CNBC 及 Burson-Marsteller 委託市場調查公司 Penn Schoen Berland 做了一個多國民意調查，焦點是各地市民覺得其政府究竟是站在大企業抑或市民的一邊，結果令人吃驚，有73% 的美國人覺得政府是站在大企業的一邊，相反地卻只有17% 的中國人覺得政府是站在大企業的一邊，「民主」和「專制」，竟然出現這種對比。

CNBC 在周一（2014年9月22日）公布調查結果，只有12% 的美國人覺得政府是站在他們的一邊。相反地，中國卻有80% 的受訪者覺得政府是站在人民的一邊。香港的情況與美國近似，有高達71% 的受訪者覺得政府偏向大企業，只有19% 的人覺得政府站在市民的一邊。

這個令人震驚的結果，可以講是對西方民主理念的重大挑戰。如果我們建立一個民主政制的目標，是政府的決策是以人民利益為依歸，不會向商業或集團利益傾斜，在美國這個民主制度之下，竟然有73% 的人民覺得政府只是為大企業決策，反而在中國這個「專制制度」下，卻只有17% 的人覺得政府在為大公司

做事，實在相當諷刺。

美國出現這種惡劣情況，其實不難了解。美國民主制度發展到
今天，已經非常「成熟」。每次選舉總統，從黨內初選到真正的
總統大選，都要投入大量的金錢，總統候選人要四出籌款，靠
的主要不是一般的小市民捐助，而是靠大財團大商家捐錢。

記憶猶新的是比較沒財沒勢、律師出身的克林頓夫婦，經過兩
場選舉，令他們欠下一屁股債，即使下台以後，也要很努力搵
錢還債。（克林頓前幾年還跑到中國做樓盤代言人，買家還可以
與克林頓共晉早餐。）強悍如希拉莉，即使知道克林頓與助理萊
溫斯基（Monica Lewinsky）鬼混，也不敢離婚，因為一旦離婚，
他們倆的黃金組合便會打碎，最大的問題便是退休後搵錢無路，
還債無門。美國總統選舉的時候要籌這樣大筆的經費，令總統
欠下這麼多的債，若說大財團不會控制政府，真是很難找人相
信。

還有的是美國複雜的遊說制度，成百上千的遊說人員經常進出
國會山，就各項政策，遊說議員，也遊說政府。由於這個遊說
制度太過蓬勃，也衍生出一些重量級說客，可以操控議員。說
客是中間人，幕後是大財團，一些年輕的政客，由於財力不夠
豐厚，正在為下次選舉經費發愁的時候，一個重量級說客，帶
給他幾條的「大水喉」，他的所有的財政難題馬上解決，投桃報

李，他又如何不會受到說客操控？

看到香港那部份的民調結果，也有點滴汗。香港的情況和美國相像，也是大多數人覺得政府政策向大商家大企業傾斜。隨後的推論，可能有點「反民主」，今天許多爭取民主選舉的人，指政府是由選委會選出，因此出現官商勾結，所以希望將來有普選，這是假設了有普選，便沒有了官商勾結。但看完這個調查，了解到美國有民主選舉制度，但官商更加勾結。如果想官商不勾結，可能要倒退到沒那麼「民主」的制度。不過，大家先不要向我擲雞蛋，這當然不是我想作的結論。

我們喜愛民主制度，因為可以起到對政府權力的制衡，防止出現暴政。所以我們仍然要想方設法，努力向民主制度邁進，這不是因為民主制度非常好，而只是因為民主制度不太壞。但我們也不可以對民主制度產生太多幻想，香港要盡快踏上普選路的同時，要避開金權政治，肯定不是照搬美式民主制可以做得到。

2014年09月23日

（4）

法治的真諦

4.1

香港根本沒有違憲審查權

有退休攝影師就政府開放政府總部東翼前地的規則,申請司法覆核,認為這樣違反了《基本法》規定的集會及結社自由。高等法院判決司法覆核得直,認為政府為東翼前地設立開放規定的做法違憲。

所謂違憲審查權,就是法庭可以判定某些政府的行政決定,甚至立法會的立法是否符合憲法的權力。

香港行英式普通法制度,英國本土的制度是法院可以進行違憲審查,但是,英國政制本質是「議會至上」(Parliamentary Sovereignty)的制度,和香港不同。無論法院如何判定政府的行為違憲,或者議會的立法違憲,但議會的多數黨領袖就是政府的首相,首相只要發起在議會上重新立法,就可以否定法庭的判決。所以,英國法院的違憲審查權並不會構成行政、立法和司法三權衝突,因為立法機構有最終決定事權。

香港過去是英國殖民地,情況更簡單,因為香港法院並不擁有終審權,香港的終審在英國上議院的樞密院,所以香港案件的

終審，要打到英國樞密院。以中央政府和其殖民地的關係而言，香港法院即使進行違憲審查，也沒有甚麼意思，因為最後都由英國的終審法院話事。

香港九七年後的政制設計由《基本法》確立，香港法院有沒有違憲審查權的問題，早在80年代中期、《基本法》起草的時候，已有充份的討論。當時的香港草委提出香港法院應該有違憲審查權，並應在《基本法》中列明，但內地草委堅決反對。

我曾與一位內地草委、權威的法律專家詳細談過此事，他說，回歸後的香港，是一個特別行政區，雖然高度自治，但仍然只一個地方政府。而香港這個高度自治的地方政府有一個罕有的特點，就是中央把終審權下放予香港。香港已擁有終審權，如果再有違憲審查權的話，香港法院對憲法的解釋就變成最終解釋。

現實上，中央根本不可能容許香港同時擁有終審權和違憲審查權，因為這已完全超出一個特別行政區的權力範圍。

否則，香港法院就可以對憲法任意解釋，直至完全脫離立憲的本意，中央也無從補救，例如香港可以自行詮釋《基本法》，理解為香港可以脫離中央政府，這樣就會造成中央和特區難以調解的衝突。所以《基本法》不會賦予香港違憲審查權力，以保持

「單一制國家」最終權在中央的特質。

《基本法》內除了沒有寫下香港有違憲審查權之外，更在158條內寫明香港法院解釋《基本法》的權力限制。為方便香港法院審案，中央授權特區法院可以解釋《基本法》，但講明限制之所在，如果香港法院審訊解釋《基本法》時，涉及中央人民政府管理的事務或者中央與特區關係，在最終判決之前，要先尋求人大常委會解釋，這是對香港終審權和解釋《基本法》權力的限制，以免特區法院做了不能挽回的終審決定。

回歸之後，不知從何時開始，香港法律界自以為香港有違憲審查權，甚至香港法院有些判決也申明法院擁有這種權力，我認為這是一個嚴重的錯誤，中央從來沒有容許香港有違憲審查權。

所以，特區政府對法庭這次判決的合理回應不是去修改規則，而是應該就此案件申請上訴，尋求推翻高院的決定。否則可能會觸發人大釋法，申明香港法院並沒有違憲審查的權力，由於香港人不喜歡中央釋法，這將是一個更差的結果。現實點講，不是你的東西，怎能據為己有？

2018年11月21日

4.2

上一堂憲法學101的課

談到香港法院並無「違憲審查權」的問題，有讀者希望我詳細解說相關權力及香港憲制特質。當年在《基本法》起草時我曾經請教了很多憲法專家，他們就為我上了一堂「憲法學101」的課，如今可以借花敬佛。

香港是在一個社會主義國家底下的資本主義特別行政區，但中國是一個單一制國家。上世紀80年代在《基本法》起草的時候，曾有港方草委提出香港應該有「剩餘權力」（Residual Powers），意指凡是成文憲法（即《基本法》）沒有說明的權力，就是剩餘權力，都歸香港所有。不過，這個觀念被內地草委嚴詞拒絕，認為在單一制國家之下，根本不存在「剩餘權力」。所有地方政府的權力，無論是如何高度自治的特區，其權力都是中央政府授予的。中央政府明文授予的權力，特區政府就可以擁有，中央沒有授予的權力，仍留在中央，不會剩餘在特區。「剩餘權力」和相關的「違憲審查權」的問題，在當年在《基本法》起草時是爭拗了一千遍的話題。

要釐清背後理念，首先要明白兩種主要國家體制：單一制和聯

邦制。現今世界大多數的國家都採取單一制，只有少數國家如美國採取聯邦制。

先講聯邦制。聯邦制的產生有其獨特歷史，美國的全稱是「美利堅合眾國」（United States of America），顧名思義，美國是集合眾多國家而來，這些「眾國」（States），中譯為州，美國如今有五十個州。

早在17世紀初，英國開始向北美洲移民。到18世紀中期，北美殖民地經濟開始成熟，殖民地議會開始要求要與英國國會有同等地位，提出「沒有代表就不納稅」的口號，結果釀成與英國對抗的獨立戰爭。

當時13個北美原英國殖民地區為了對抗英國，便聯合起來，組成了一個「邦聯式」的政治聯盟「美利堅聯盟國」（the Confederate States of America, CSA），這是個比較鬆散的組織，每個「州」都擁有對任何提議的否決權，亦沒有賦予邦聯政府任何徵稅權力。到1787年，12個州在費城（Philadelphia）召開制憲會議，終於確立了「聯邦制度」，並寫出世界第一部成文憲法——《美利堅合眾國憲法》（*Constitution of the United States*）。聯邦制度的本義是各邦（即州）讓出部份權力組成聯邦政府，而各州仍然保持一定的自主權。所以，美國各州都有自己的地方法律。由於聯邦制的權力由下而上，各州沒有向中央

交出的剩餘權力，就保留在各州手中。

至於單一制國家，與聯邦制相反，權力集中在中央政府。單一制政府內有地方政府組織，其權力卻遠比聯邦中的邦細，因為其權力主要由中央政府所授予。因此，單一制國家並無剩餘權力的概念。中央沒有授予的權力，地方政府便不會擁有。

中國遠自秦代，已經是一個現代意義的實行單一制的統一民族國家。香港特別行政區是中國的一部份，屬於單一制國家中的一個高度自治地方政府，《基本法》沒有寫明香港有違憲審查權，香港就沒有這種權力，沒有就是沒有。另一個例子是回歸之前，港英政府急急通過人權法案，在法案內講人權法對其他法律有凌駕地位，但《基本法》內根本沒有提及人權法及其凌駕地位，在回歸後人權法的凌駕地位就被廢除。

在回歸之後，無論是律政司也好，法院也罷，都把《基本法》158條授權特區法院可以解釋《基本法》的條文，理解成可以判定特區政府或者立法會的甚麼行為是違憲，其實是把解釋《基本法》和判定政府是否違憲混淆了。

中央政府過去對香港法律界認為本地法院有違憲審查權的觀點，採取隻眼開隻眼閉的態度，但如法庭的具體判決觸碰到關鍵點，相信很難含糊解決了。

2018年11月22日

4.3

香港法庭越權無效

香港高等法院原訟庭於昨天（2019年11月18日）裁定特首按《緊急條例》制定的《禁蒙面法》，違反《基本法》當中賦予立法會的「法例規管權」，法律規範的範圍亦過大，欠缺對稱性，裁定相關法例違憲。我已提過，高院這個判決，違反了《基本法》的原意，包括第一、《基本法》沒有賦予香港法庭有「違憲審查權」；第二、這個判決限制了行政長官的權力，有違《基本法》的「行政主導」原意。

中央有關機構今天便高調回應事件，全國人大常委法工委發言人臧鐵偉說，一些全國人大代表對香港高院的決定表示強烈不滿，全國人大常委法工委對此表示嚴重關切。法工委認為香港特別行政區的法律是否符合《基本法》，只能夠由全國人大常委會作出決定，任何其他機關都無權作出判決。法工委指出，在1997年2月23日，第八屆全國人大常委會第24次會議作出決定，根據《基本法》第160條審核香港原有的法例，當時已把香港《緊急條例》採納成為香港特別行政區法律。換言之，人大已經審核了《緊急條例》符合《基本法》。而香港高院的決定不符合《基本法》和人大常委會的決定，亦嚴重削弱了特區政府的管治權。

另外，港澳辦亦發表聲明，觀點基本上與法工委一致，更附加了一點，指高院的判決公然挑戰人大常委會的權威和法律賦予行政長官的管治權力，產生了嚴重的社會政治影響，希望特區政府和司法機關嚴格按照《基本法》履行職務，共同承擔止暴制亂、恢復社會秩序的責任

我當年長期採訪《基本法》的起草，對違憲審查權的爭議印象深刻。當時部份港區草委想把違憲審查權加入《基本法》之內，但內地草委明確反對，認為香港法院不應該有這種權力。

成件事要由終審權說起，回歸之前，香港並無終審權，香港法院的終審是要去到英國上議院的樞密院，事實上，所有英國的殖民地的終審都在樞密院，原因是宗主國保留對殖民地的終審權力，以確保殖民地的法院不能作出挑戰宗主國主權的決定。由於內地行的是大陸法，而香港行的普通法，體制不同，較難把終審法庭設在北京，因此阿爺同意下放終審權予香港特區。

這樣問題就來了，香港法庭審案時，有可能會遇到要解釋《基本法》的情況，阿爺若再下放了《基本法》的解釋權給香港的法庭，又有解釋權又有終審權，香港法院豈不是無王管？ 結果在《基本法》158條規定，所有涉及中央人民政府管理的事務（例如國防和外交）或中央與特區關係的案件，在終局判決之前，要先提請人大常委會釋法。意思是，在一些重大問題上，香港法庭不

能夠隨意解釋《基本法》，在終審之前，要以人大常委會的解釋作準。同時，也明確違憲審查不是特區法院的權力，而是中央的權力。因此，並沒有把違憲審查權加入《基本法》之內。但回歸之後，不知道是出於甚麼原因，香港法庭慢慢覺得自己有違憲審查權。阿爺雖然表達過反對，但由於沒有遇到相關案件，爭議並未浮面。

《緊急條例》的核心理念是在緊急時期特首會同行政會議有臨時立法權，不用立法會批准。若法庭判定這種安排違憲，是實質上大大削弱特首的權力。以香港的現狀，若緊急時還要去立法會爭論一番，最後甚麼事也做不成。

這條法例1997年2月人大常委會已審核確認可以在九七主權移交後保留，本地法院根本無權判定此法例無效。相反地，高院的判決本身是越權無效。

香港法庭要麼對事情不了解，要麼明知故犯，想擴大自己的權力。但「一國兩制」是一個互相妥協和互相尊重的安排，如果一方不斷想擴大自己的權力，最終必定與另一方摩擦，搞到要人大釋法收場。

2019年11月19日

4.4

精英大狀要去補補憲法學的課

全國人大法工委發聲明批評香港高院裁定《緊急情況規則條例》違憲，認為違憲審查只能夠由全國人大常委會作出，而1997年2月23日，人大常委會已經決定《緊急情況規則條例》符合《基本法》。人大法工委的聲明一出，自然惹起香港的法律界很大反應。

大律師公會認為，人大法工委發言人的說法在法律上是錯誤的，「任何言論主張香港法院不能夠裁定香港法律是否違憲，是限制了法院享有獨立司法，亦違反《基本法》。」前首席大法官李國能表示，「全國人大常委會只能夠在特殊情況下解釋《基本法》」，並應避免在法庭頒下判決後作出詮釋，否則會對香港的司法獨立帶來負面影響。

雖然這些發聲的大狀位高權重，但是，以我對憲法學的少許認識，也發現他們的評論，完全偏離了憲法學的基本原則。香港的司法體系源於英國普通法制度。我當年上憲法學的時候，老師提出了一個問題，當行政、立法、司法機關在一些法律問題上發生爭拗時，最後誰來做最後決定？從而引申出「議會至上」

（Parliamentary Sovereignty）原則，即是英國體制賦予國家立法機關有無上的權力。無論法庭如何判決，並透過案例形式，成為有約束力的法律。若議會不同意，可以通過新的法例，推翻這些判決，解決不同政府機構的爭拗。

英國憲法中的「議會至上」原則，可追溯至17世紀。當時英國國王大權獨攬。英國在1688年發生光榮革命（Glorious Revolution），議會不滿國王詹姆斯二世迫害新教徒，罷黜國王，擁立瑪麗二世為女皇，為了保障權力，議會不再讓國王隨意行事，便在1689年通過權力法案，以「議會至上」為原則，一直沿用至今。

在《基本法》起草的時候，草委們也遇到權力最終誰屬的問題，而根據國內的憲制，全國人大這個議會，正好是國內最高權力機構，也有「議會至上」的特質；回歸之後，正好套入香港的憲制框架之內。「議會至上」的原則其實很簡單，在應用上，「議會至上」分兩個層次：，第一是在同級的行政、立法、司法機構當中，發生任何爭拗，議會都可以透過制定法律去否決行政機關的一般行政命令或者法庭的判例；第二是在中央和特區的關係之中，香港法庭只是一個地方法院，全國人大是一個中央議會，地方議會無權否定中央議會的決定。全國人大固然可以透過《基本法》的解釋去否定地區法院對《基本法》的詮釋，而更加徹底的是，全國人大可以透過修訂《基本法》或者另定全國性

法例去規管香港法庭。所以,在這種安排下,並無權力的真空。最後的權力,很清楚是由全國人大所擁有。

基於這些原則,大家便會發現大律師公會所謂「任何言論主張香港法院不能夠裁定某法律違憲,限制了法院享有獨立司法權」,這個講法是大錯特錯。《基本法》本來就沒有賦予香港法院有違憲審查權力(若大律師公會認為有權,是在《基本法》哪一條找到呢?),而在「議會至上」原則底下,全國人大可透過解釋《基本法》重申香港法院無違憲審查權。香港的法院,並沒有大律師公會所認定的、獨立於中央的司法權,所擁有的只是獨立於本地行政和立法、不受本地行政立法機構干預的司法權。否則若特區政府有政策反港獨,香港法院卻認為政策違憲,全國人大基於香港司法獨立也不能管嗎?

至於李國能認為全國人大常委會只能夠在特殊情況下才能解釋《基本法》,也是完全錯誤的。《基本法》158條,清楚講明全國人大常委會對《基本法》有解釋權,並無提及李國能所說的限制。第158條反而是限制了特區法院的審判權,指明在某些情況下香港法庭終審前要先尋求人大釋法。李國能的講法,在《基本法》裏面,找不到任何根據。

千萬不要以為我這樣說是想緊跟中央立場,要限制香港法院的權力,正好相反,我也希望香港法院盡量有更多的權力。現實

上，法律上有很多灰色地帶，只要特區法院不越界，不去直接挑戰中央的權力，本地法院就可以保留一些灰色地帶的權力。但是，如果特區法院越界，硬要行使一些本來沒有的權力，逼得全國人大嚴格執行，通俗點講「攞嚟衰」，最後本地法院的權力就因加得減了。

2019年11月21日

4.5

「違法達義」的民主要來何用？

佔中案審結，地方法院法官陳仲衡對佔中九子的判詞嚴厲，但判刑手鬆。法官仁慈，基本上有一個反效果，就是公眾對事件的反思不會深入，甚至被部份人把被判刑者扭曲成英雄，法官是加害者。這裏涉及一個核心的問題，就是法治問題。

法治是民主社會的基石，佔中發起人一開始從理論上就否定法治，採取「打着紅旗反紅旗」的方式，把違反法治的行為，昇華到法治的最高水平，稱之為「以法達義」。他們指稱，因法律不公義，就可以不遵守，這才是達到正義的方法。確切點說，他們鼓吹的應稱為「違法難達義」。

恕我才疏學淺，對政治學研究不深，但約30年前涉及這學科時，書本已教導西方資本主義立憲民主制度（Constitutional Democracy）與社會主義蘇維埃（源自俄語 совет，指代表會議）制度的分別。在於西方講求程序公義，要程序辦事，即使結果很荒謬，在法律或規則修改之前，也要依從。但社會主義制度講求目標理性，為追求理想平等的社會，即使是暴力革命的手段，也無可厚非，而西方的法治就更被指為是資產階級（Bourgeois）

統治的工具，這是一種以目標合理化行動的手法。數十年過去，我覺得這理論框架仍然有效。

但世界輪流轉，聲稱是民主派的佔中發起人，相信法律不一定要遵守，違法可以達義，而西方媒體與政府一道支持他們。反過來仍在行社會主義制度的中央政府，卻苦勸香港人要守法。世情荒謬，莫過於此。

「違法達義」的思維其實極其危險，關鍵是甚麼叫「公義」，完全由運動領導者去界定，因此過去的革命者，上台後可以變成獨裁者，但由於已否定法治，對掌權者就毫無制約。

法治應該先於民主，早在百多年前，已有很好的歷史經驗說明。華裔美籍歷史學家唐德剛在其著作《袁氏當國》中，講述民國初年袁世凱執政的狀況，1911年武昌起義成功，當時中華民國的開國元勳，主要是同盟會的一群革命份子，本想仿效美國的總統制，讓總統有較大權力，但當時清廷苟延殘喘，時任滿清政府內閣總理大臣的袁世凱坐擁重兵，民國新政府若得不到袁的支持，清朝皇室不會和平遜位，戰禍難息。所以革命成功後，新政府有虛位以待袁世凱的想法，結果就把總統制的構想，改為總理制，改總統為虛君，總理才握實權，想用一個虛位總統套住袁世凱。

結果袁世凱真的接任大總統，但這個因時制宜的總理制卻就完全發揮不到作用，袁世凱找了其副手唐紹儀任總理，但上任後，唐紹儀就被擱置一旁，袁世凱的手下經常說：「唐總理又來欺負我們總統了。」其實這只是袁世凱欺壓唐紹儀的手段，結果唐紹儀上任三個月就失蹤離去。

袁世凱想做皇帝，個人權力高於法治，唐德剛總結說：「法治要有深厚的基礎，法律才會有效。在一個法治毫無基礎的社會裏，獨裁者必然會無法無天。西諺『絕對的權力，絕對的腐化』，此之謂也。要搞真正的『法治民主』（我不說民主法治，因為法治在先，民主在後也），筆者認為在近代中國，法治民主至少需時200年。最早也要在21世紀中葉以後；在我們社會文化第二次大轉型的最後階段，才能實現。」唐德剛的立場並不保守，十分反共，對毛澤東的批評甚為兇狠，由此可見他對中國人搞民主制的評價並無偏見。如今距離袁世凱無法無天搞民主的年代已有107年，但佔中時仍然有很多放棄法治去搞民主的理論，大行其道，難道真如唐德剛所言，中國要有法治民主，真要等200年？

香港的群眾運動領導既不讀歷史，也不研究理論，只會跟隨西方，一哄而上，貿貿然否定法治。萬一我們得到這種無法治的民主，等到這些群眾運動領袖上台，按他們的公義標尺去施政，後果可以相當恐怖。

2019年04月30日

4.6

一個藐視法庭的社會

佔中運動踏入第23天（2014年10月20日），有的士和小巴商會入稟向法庭申請禁制令，禁止佔領人士佔據旺角，最後成功獲高院發出臨時禁制令。高院法官潘兆初認為，佔領對公眾造成滋擾，嚴重影響的士業界收入，任何人即使是示威者都不能獨霸馬路，要平衡整個社會公眾利益，希望示威者尊重法庭命令，如有不滿應透過法庭理性解決。

你可能跟着會問：So what？法庭頒發禁制令又如何？

從理念上講，法庭頒發禁制令，不得佔據旺角，若有示威人士不理法庭禁令，繼續佔據，這些人就是藐視法庭，觸犯了刑事罪行。

但從現實上看，法庭發出了臨時禁制令，當然不代表在旺角示威的群眾就會自動離開。就如有反佔中示威者到《蘋果日報》圍堵，《蘋果》向法庭取得臨時禁制令，示威者也不會乖乖自動退去。《蘋果》報警求助，結果觀塘警區署理指揮官李雅麗高級警司，每晚親自去將軍澳壹傳媒大樓外安排佈陣，派警員協助《蘋

果》運報紙出廠。說到底，還是要靠警方維持秩序，持守法治。

問題是同樣拿到臨時禁制令的的士和小巴司機，會不會有警方像協助《蘋果日報》那樣協助他們通路通車？暫時機會不大。估計政府基於政治考慮，不會同意警方馬上清場，協助的士和小巴司機去執行臨時禁制令，他們取了禁利令也不能馬上打通旺角的道路。

不過一眾律師、大律師，他們理論上都是法律體系的成員，若然往後他們支持人到旺角堵路，等同協助或教唆他人違反法庭禁令，藐視法庭，一經定罪，不止有刑責，真是有機會除牌。所以各泛民政黨的律師們，以後講到旺角示威，都應該更加小心了。

我尊重佔中運動參與者對民主理念的追求，但其不守法的行為，對社會的破壞正急速擴大。他們主要的矛頭本是針對政府，要對特區政府甚至中央政府施壓，以街頭運動迫使政府讓步。但街頭運動卻全部以不守法的形式進行，結果就不光針對政府，也衝擊到法院，令它有令不能行，更衝擊到香港的法治制度，變成誰覺得自己有一個高尚的理由，就可以不理法律，不理法院，率性而為。

一個藐視法庭的社會，將會十分可怕。你覺得政府選出來的方

法不民主，它說的話不聽。你覺得立法會由建制派佔多數，它說的話也可以不聽。但香港法庭過去判案客觀公正，持守法治，但你仍然話它說的話都可以不聽，就只有你自己的話才是真理了。運動如此發展下去，很易變成街頭暴政。

2014年10月20日

⑤

校園回歸治學，別讓青年成為炮灰

5.1

濫用資源，傷害制度

打開報章，看見包括香港大學教授盧寵茂在內的大群醫生，在報上刊登廣告，打出「痛心疾首」的大標題，主要指佔領者阻塞道路數週，尤如阻塞血管那樣，必然造成傷害，影響民生，破壞法治。他們引述醫者格言：「毋傷害」，令人印象深刻。

這一大群主要是港大畢業的醫生，因不滿「佔中」而發聲。其實某些運動組織者造成的傷害，又何止外面所見的東西。今日（2014年10月28日）有爆料電郵大爆佔中三子之一的戴耀廷，如何做了可能損害港大的事情。

爆料電郵指戴耀廷收受多筆鉅額捐款，嘗試以匿名方式分批捐入港大，然後做各種各樣和佔中有關的活動，包括6.22的公投。而港大民研計劃做公投時又涉及在公投數字上虛報，有短信驗證申請的投票只有62.8萬次，但民研計劃公布的手機電子投票數字卻有73萬次。還有就是部份款項捐給港大人文學院，但聘用的一個助手向梓騫卻主要做「佔中」相關的事情。

至截稿時至止，戴耀庭話開會中未回應。港大民研計劃說不清

楚為何出現兩個不同的電子投票數字。港大的初步回應是有關捐款安排已披露捐款人名字符合規定，而那個聘用的助手是做「項目」的。

戴耀廷等三子發動的佔中運動，是一件目標明確的政治運動，一個學者私下參加組織政治運動無可厚非，但將來歷不明的巨額捐款捐入港大，不願披露真正的捐款者，然後借港大的名義請人從事佔中組織活動，用港大民調的名義進行公投，借港大法律學院的名義搞研討會去確立普選的國際標準，為甚麼戴耀廷他自己不獨立做，一定將錢調入港大做呢？

戴耀廷曾講過，佔中運動不接受一萬元以上的捐款，以示運動不會被人操控。但實際上他卻收受大量大額捐款。他作出種種迂迴舉動，令人懷疑他有兩個目的：第一，將神秘捐款導入港大，往後那些使費就好像與「佔中」無關，逃避公眾監察，避免人家說他們得到不知名的大水喉資助。這就如洗黑錢者的動機一樣，轉一轉將黑錢洗白。

第二，借用港大這間香港第一學府的名義，提高佔中運動的合理性，例如用港大民研中心的名目做公投，就令市民對公投的數字更有信心，可惜現實上民研中心卻答不出為何電子公投數字和驗證紀錄有差距。無論那種目的，都濫用了大學的資源。

港大處理這件事情上，有無過界，很值得商榷，特別是由人文學院支付戴耀廷助手向梓騫薪金一事，表面看已有極大問題。不能說戴耀廷引入了捐款，就可以叫大學請一個人做研究助理，實際上卻為戴做佔中助理，這樣做有違規之嫌。大學請人，主要做教學和研究，以及做大學內部行政，不能因為有外人捐了錢，就可以請人去做和大學無關的事。一個賭王捐錢給大學，也不能叫大學用那筆錢請一個人，替他打理賭場，這個道理顯淺易明。若戴耀廷想爭辯向梓騫的工作和大學有關，煩請他提供數據列明向梓騫每天花了多少時間，做和大學本業有關教學或研究工作。

大學應是中立的學術機構，個別成員當然可以有自己的政治立場，但大學本身必須政治中立，否則無論教學或研究，皆難免有失偏頗。大學的客觀中立要看得見（Seen to be done），驗證得到。今次見到戴耀廷如此捐助大筆金錢入港大，然後利用港大從事大量「佔中」相關活動，表面證據已顯示，無論大學的品牌或資源，都有被戴耀廷濫用之嫌。不能說戴耀廷發動佔中的目標崇高，怎樣做都無問題，香港講究程序公義，而不是只求達到良好目標而不擇手段的結果公義。

戴耀廷種種做法，大大破壞了大學的制度，作出了大學深度涉入政治的危險先例，實在值得大學管理者深刻反思。

2014年10月28日

5.2

違法達暴，不可收拾

最近（2019年11月）在一段網上影片，見到港大法律學院的教授，苦勸港大學生示威者不要做違法暴力抗爭行動，看後令人感慨。片中可見港大法律學院的陳文敏教授告訴示威者，那些行為是犯法的，是要坐監的。但是，學生們以粗口回應，陳文敏的語調極其無奈。

這讓我想起2016年的一件小事，當時我與兩名中五女生補習通識，講到法治。由於我讀過法律，自以為對法律觀念很有認識，便說法治的定義很簡單，就是「以法而治」。誰知一個中五女生馬上回應：「你說的法治，只是最低層次。」我當時有點詫異，便問她：「那麼，最高層次是甚麼呢？願聞其詳。」女生說：「是以法達義（即違法達義）。」連中學生對公民抗命背後的理論，也能朗朗上口，我感到極之驚訝。順帶一提，一年多後這個女生在高考的通識科，拿了5**的成績。

我後來做了一些調查，發現這些說法，是來自港大法律系副教授戴耀廷。原來港大有個法律教育計劃，主講者是戴耀廷和公民黨的律師。他們培訓通識老師，宣稱法有四個層次，第一層

是「有法可依」；第二層次是「有法必依」；第三層次是「以法限權」；第四層次是「以法達義」（即違法達義，按自己心中的公義行事，可以做違法的事情）。我覺得十分恐怖，在2017年8月19日發表評論，題為《通識老師請注意：「以法達義」是錯的！》可惜我的評論，沒有引起多少注意。違法達義的觀念，一步一步深植於大、中學生的腦袋裏，現在更進一步演化成「以暴達義」，違法已不足夠，還要加上暴力。

戴耀廷這位人到中年的副教授，在2014年發動了一場失控的佔中運動，他念念不忘想充當激進年輕人的思想導師，因此他引述了激進政治學者 Candice Delmas 寫的《反抗的責任：不合作運動可以變成不文明的時候》（*A Duty to Resist: When Disobedience Should Be Uncivil*），用激進的政治理論，合理化「私了」的行為。他提出要對抗「政治潔癖」，認為在特定的處境下，抗爭者在符合一些「政治標準」下，仍可合理地用一些不合法及不文明的方法，去爭取合乎「公義」的改革。他聲稱雖然大部份「私了」都是難以合理化……但某種「私了」行為可以是合理的，例如有嚴重的官方不當行為，政權使用武力攻擊她的人民或未能保護人民受到其他人的致命暴力攻擊時。

今天社會流行的「私了」，主要是示威者遇到不同政見的人，便以暴力對待。本周一（2019年11月11日），馬鞍山一名建築工人便因見義勇為，反對示威者破壞港鐵站，被示威者潑天拿水

並放火焚燒，造成四級燒傷，性命危殆，就是「私了」的典型。昨天（2019年11月14日），又有一名70歲的清潔工在上水的暴動中受傷危殆。當時一批反對堵路的市民與黑衣人互擲磚頭對打，那名清潔工只是站在路上，卻被黑衣人那一方掟來的磚頭，擊中頭部，入院後證實瀕腦幹死亡，有可能成為這場運動中的第二名死者。但戴耀廷竟然可以引經據典，將「私了」合理化，將這些有害的理論，教給大、中學生，他們個個為了心中的公義，走去「私了」他人，這會是一個甚麼世界？

看了陳文敏與示威學生對話的片段，覺得有點諷刺。過去，港大法律學院充斥着傾向於泛民的高層，他們沒有阻止，甚至鼓勵戴耀廷這些老師，提出激進的政治主張，包裝為學術理念，不但培養了港大法律學院的學生，還廣泛地培訓通識老師，把違法暴力合法化的思想，深植於大、中學生的腦袋裏。今天，正是他們教出來的學生，要佔據校園，要把雜物丟到馬路上，堵塞交通，甚至私了不同政見者，這正正是他們昨天種的因，造成今天的果。

當用火焚燒一個活生生的不同政見者都可以認為合理，泛民到今天還不肯與這種殘暴、恐怖的行為割席，只能夠用「無語」兩個字去回應。

當違法達暴的觀念盛行，私了無罪的思想植根後，我們的社會，

將會沉淪到一個怎樣的境地呢？當全民私了，你殺我、我殺你，香港將會變成一個甚麼樣的世界呢？港大法律系老師，就像小說《科學怪人》（*Frankenstein*）中那個科學家一樣，製造出一個完全不受控制的科學怪人，最後恐怕會咬死自己吧。

2019年11月15日

5.3

在大學搞革命是有代價的

在大專院校內的示威並未止息，老師叫苦連天。

我和一所頂尖大學的教授談過，他年近60歲，說如果年輕十年的話，一定會離開香港的大學，去外地的大學教書，因為香港現在的氣氛，已令到學生根本不可教。他說，作為教育工作者（Educator），使命就是要教好學生，當學生不受由你去教的時候，便無法完成教書育人使命。現在年齡較大，唯有等退休了。

香港的大學和專上院校的學生，要求校長以至校方認同他們的價值，公開表態支持示威同學，與他們一道向政府施壓。另一方面，大專院校的內地生，卻成為迫害的對象，造成很多衝突。

面對混亂的時局，很多內地生都非常驚恐，覺得香港已完全不是他們過去所認識的世界，大學亦變得不是他們的環境，很想逃出這裏。一名正在港大讀博士的內地生，講起他的經歷，提及幾名原來是中立的本地同學，最近亦出現一些狀況，變得激進。教授無法忍受學生不尊重老師，一些教授打算離開。

她說，一些內地生唸一年級的 M Phil（即研究式研究生，有別於 MA，授課式研究生），甚至一些 PhD（博士課程）學生也想退學。大學的主管教授與內地研究生開了一次會，穩定軍心，希望學生不要退學。這名博士生的教授慨嘆，現在香港各大學研究院的生態都是內地生比例佔多，本地生的比例很少，本地生不是不想讀 MPhil，就是沒有能力讀。如果未來一兩年內地生全都走掉，誰來完成這些研究項目呢？如此類推，大學沒有研究成果，哪裏有資助呢？可以預料的是，香港的大學的學術水平和國際化水平都會大跌，還有一連串的嚴重後續問題。教授認為學生不尊重老師、欺凌老師是有後果的。

我簡單地查閱了港大研究院的數字，2017 至 2018 年研究式研究生的總人數有 2831 人，當中來自內地的有 1757 人（包括教資會資助及非資助學位），佔了總人數的 62%。而本地的研究式研究生只有 666 人，只佔 23.5%。如果內地的研究生以及來自其他國家的研究生都減少來港讀書，以本地生的人數，根本無法填補港大 MPhil 的學生人數和研究力量。即使港大願意收一些成績沒那麼好的本地生，可能也遠未夠數。

至於其他大學，以教資會資助的研究式研究生的內地生比例，也與港大接近，由 52% 至 72% 不等，可見如果未來內地生研究生大幅撤離，會對大學的研究院收生和研究力量都會帶來致命性的影響。

香港的暴力示威無疑是一場「親西方排華運動」，令到被排斥者極度惶恐，要逃離香港。在這場「排華運動」過後，只會是一地雞毛。受損的不是那些沒有來香港讀書的內地生，而是香港的大學和她們的學生，大學勢將萎縮，研究力量大跌，國際排名下插，形成一個惡性循環，到最後，所有的人都要付出代價。

2019年11月07日

5.4

通識老師請注意：「以法達義」是錯的

黃之鋒等「雙學三子」被上訴庭判處監禁，上訴庭判詞詳細解釋了保障集會自由權利和遵守法律兩者如何協調，值得關心法治概念者細讀。

判詞中最重要的一項是副庭長楊振權法官提到：「一些有識之士，鼓吹『違法達義』的口號、鼓勵他人犯法。」楊官所講的「有識之士」，顯然就是指戴耀廷。戴耀廷自 2013 年開始鼓吹發起違反法律的佔中運動時，大力宣揚他所謂「以法達義」的理論，認為「違反不義的法律以達到公義，是符合法治的做法」。

之後，戴耀廷還大力鼓吹所謂「以法達義」的概念，港大法律學院有一個法律教育計劃，主講者是戴耀廷及公民黨的律師，他們更培訓通識科老師。他們宣稱，法治有四層：第一層是有法可依；第二層是有法必依；第三層是以法限權；第四層是以法達義。

在戴耀廷及香港大學的大力推廣下，現時見到各大報章及教育機構的通識教育機構的參考材料中，當講到法治時，都充斥着這種法治有四層的錯誤資料。

我們可以從幾個角度分析戴耀廷所謂以法達義的謬誤。第一，
憲法學的真正權威並非如此解說。我也讀過憲法學，知道真正
憲法學的權威是戴雪 （A.V. Dicey, 1835-1922），他在《憲法學
學習初階》中講述，依法就是依法而治，相對於神權統治或個別
官員的統治。他提出三大法治原則：1. 不犯法不受罰；2. 法律
面前人人平等； 3. 自由和權利由法律保障。

戴雪也探討過所謂法律不公義的問題，他認為保持一個穩定的
司法系統，遠重要於由於法律的不完善所帶來的不公義。他的
微小讓步，只是在極之罕有的情況下，才能以武力革命去推翻
法律。民眾認為不公義的法律，應以合法方式推動修改。

第二，無限制的集會自由，是對自由和法治制度的重大威脅。
上訴庭副庭長楊振權在判詞中指出，集會和示威的自由並非絕
對和無限制的，如果示威者作出違法行為，破壞公眾秩序，會
導致社會陷於混亂狀態，對社會的進步和發展有嚴重的負面影
響，亦令其他人士無法行使應有的權利和自由，如該情況未能
有效制止，甚麼自由法治都是空談。

第三，誰來界定正義？戴耀廷號稱「以法達義」，對任何不公義
的法律，都可以不遵守，等如說「做犯法事情都是法治，因為我
正義」。問題是誰來界定正義呢？我們深信伊斯蘭國是邪惡的，
但前美國中情局臥底探員 Amaryllis Fox 就有一個很發人深省的

斷語：所有人都認為自己是好人，在美國街頭問美國人，所有人都說伊斯蘭國是邪惡的。但如果你在伊拉克及敍利亞街頭問當地人民：美國為甚麼會轟炸他們的國家？他們說「美國對伊斯蘭教信眾開戰」。

這一番話實在是發人深省。那些高舉正義旗幟的人，呼籲我們不用遵守法律，實際上相當恐怖。當社會陷入混亂的時候，為了恢復秩序，結局是軍法統治，所有自由、民主的理想，屆時都變為空談。

我呼籲所有通識老師，仔細讀讀法庭這篇判詞，了解法治概念，幫助學生建立正確的認知，更希望港大也研究一下這份判詞，檢討一下法治教育計劃，是否再教導別人正確的法治觀念。

2017年08月18日

5.5

老師怎可以教年輕人撼牆？

佔中九子案件宣判，結果九人的大部份控罪成立。這只是佔中案完結篇的第一章，預計罪成的被告未來仍會層層上訴。

在案件宣判之前，部份媒體大量訪問涉案的九人，把他們的行為描繪成對抗不公義的浪漫抗爭，甚至吹捧為英雄。佔中牽頭人港大法律系副教授戴耀廷和中文大學社會系副教授陳健民，皆表示無悔參與運動。陳健民說，在大學任教20年，看着學生被捕或上庭，如今自己接受裁判，可能要入獄。他說，在2013年寫了一篇名為《政改懸崖與和平佔中的意義》的文章，提到政改失敗會造成社會兩極分化，社會將趨向本土勇武。後來證明當時的預想沒錯，現時社會已去到他預測的第三階段：犬儒，即不關心、不投票、覺得一切都無可為。

細看佔中三子的訪問，發覺他們直到今天仍不明白，發動這場運動究竟錯在哪裏。或許可以提出三點，以供討論。

第一，學者忽然變身政客。學者本應理性客觀看世情，教導學生分析社會變化。不過，陳健民和戴耀廷卻由球賽觀眾變成落場

比賽的球員，自己帶頭發動一場違法的佔領運動，這場運動維持了79天，佔據運輸大動脈，影響了市民的生活；嚇跑了遊客，拖慢了差不多一年的經濟發展；推翻他們認為不完美的政改方案，客觀上令到香港民主發展停滯。當學者落場變成參賽者後，分析又怎能夠客觀呢？身份變了，他們的所謂分析就變成了支撐行動的政治宣傳，沒有太多參考價值。學生上學是走進班房，還是加入政黨呢？

第二，半途出家，領導力低。從政其實是一門專業，很多政客在黨內連番掙扎，在街外經歷多場選舉，在拉爬打滾中成長，知道政治充滿妥協，也知道群眾運動易發難收。但這些半途出家的學者，卻沒有從政的歷練，人到中年，突然熱血，發起一場群眾運動。但正如他們在庭上聽到參與運動的學生的證供，學生們根本不想聽任他們的指揮，拿了他們籌集的物資，就想一腳踢開他們。推翻他們的學生亦慢慢變成所謂的「大台」，被更加激進的群眾「挑機」取代。運動一步一步激進，曠日持久，完全偏離了原來「只佔領一、兩天便自首」的所謂規劃，變成一場無人可控的政治運動。但不自量力去發動政治運動的人，不應該負責嗎？殘忍點講，無能也是一種罪行。如果年輕人如今不冷靜，變做「犬儒」，也完全是他們錯誤領導所造成，不要忽然又變回學者去「客觀分析」。

第三，毫不妥協，自撼高牆。很多人都把這場佔領運動浪漫化，

甚至引用日本作家村上春樹的講法，形容運動是雞蛋對高牆。實情卻是，運動領頭者帶領香港的年輕人與中央鬥爭，我們當然可以將中央形容成高牆，但是香港人面對的究竟是一面牆還是一扇門，主要關乎雙方的互動。在2010年的政改，由於泛民與中央都願意妥協，結果在高牆上打開了一扇門，政改最終成功了。但到2014年，這些學者用很漂亮的「用愛與和平佔領中環」的名義，發動年輕人非法佔據路面，與中央對碰，門因此關上了，餘下的真是一面高牆。老師們用浪漫詞語，送年輕人去自撼高牆，他們自己人到中年，事業已近尾聲，坐不坐牢也不打緊了，可歎是將年輕人送進監獄，葬送了他們的前途。為人師者，午夜夢迴，對此難道沒有一絲愧疚？家長把子女送入大學，難道想你教他們的子女去作政治豪賭，想你把他們的子女送入監牢？孩子不懂得想，為甚麼老師不識想，大學當局不去想呢？

佔中案的判決是一個警醒，不要讓一些表面浪漫的公民抗命理念，合理化一切違法行為。只有回歸理性，互相妥協，香港的政治才有前途，大家是時候醒醒了。

2019年04月10日

5.6

教師要回歸專業，不要政治掛帥了

教協早前公布了一個網上問卷調查報告，訪問了1,178名中小學幼稚園教師和校長，教協指有四成受訪教師有意離開香港教育界，當中有七成人表示「政治壓力日增」，是離開的主因。

教協有會員96,000多人，是全香港最大的單一工會，也是會員最多的泛民組織。教協的報告說有四成的教師要離職，或許有點誇大，相信教協是次網上調查只針對其會員。

對於教協這個調查，由淺入深，可以有不同層次的觀察。

一、教師有擇業的自由。近年香港經濟比較呆滯，教師和政府工成為了非常搶手的「筍工」。大學畢業入職老師，月薪近3.2萬元，而一般的工作，只有10,000元多一點，工資差距以倍數計。結果令到不但教師工作搶手，連教育學位也成為非常熱門的課程，甚受中學畢業生歡迎。所以，若有教師離職，客觀上只是釋放一些高薪職位，讓下級晉升，讓新人入行。大家要明白，教師入職薪金如此高，是承載着社會對教育下一代的重大期望。

二、教師行業嚴重政治化。教師執行職務的時候，本應客觀中立，不應帶有自己的政見。但香港社會近年嚴重政治化，各個專業都被政治團體入侵，原本的專業工會逐漸變成了政治團體，以政治標準取代了專業標準。她們不單止就其行業利益向政府施壓，更在廣泛的政治議題上，旗幟鮮明地反對政府。

在教室內，教師的權力很大，他們對學生的思想和品格都有深遠的影響。特別是通識科，沒有統一答案，立論正又得，反又得。如果教師總是提供反面的觀點、單方面教授反政府的答案，學生很容易會被洗腦。小孩子、青少年，對世界的認識有限，亦未有獨立思考能力，只會把教師的政見視為真理。

我曾經和很多中學生討論通識問題。已經不止一次，聽到中學生有這樣的意見：「如果不用暴力甚至違法的行為向政府抗議，政府是不會聽取的。」我通常會追問他們這些觀點的由來，發現這是通識課教授的所謂「政治效能感」。通識科高考有 30% 分數是校本評核（School-based Assessment, SBA），學生那能不聽老師的話？那些老師傳揚把暴力行為合理化的觀念，導致年輕人急速激進化。在前年（2019 年）的暴亂中，很多大學生、中學生甚至小學生都非法上街示威，甚至作出種種違法行為，相信是與學校教育政治化有關。

香港社會經過高度狂熱的歲月後，須要回歸正常，學校亦應該

非政治化。不但通識科要改革，老師的觀念也要改變，不要政治掛帥，不應在課堂上傳揚個人的政見。

家長將孩子送入學校，他們都是白紙一張，若老師在課堂上灌輸激進的政見給學生，學生照單全收，上街非法示威，甚至掟汽油彈，結果被捕判刑，要坐三到五年監，前途盡毀。老師對不對得起孩子和家長呢？

如今要求老師非政治化，教協走出來投訴這是「政治壓力日增」，要任由老師在課堂上傳揚政治思想才是沒有政治壓力的話，恐怕家長就不會同意了。

三、錯誤的政策，鼓勵了教師的政治化。現屆政府選舉的時候，當時有兩個政策令我印象甚深。一個是房屋方面以「置業為主導」的政策，另一個是教育方面「政府每年增加50億元的教育開支」。前者被視為討好發展商的政策，而後者被視為討好泛民的政策，原因是教協是泛民其中一個龍頭組織。政府不問情由地大幅增加教育經常性開支，現實上等同一個「收買」教協的行為。

事實證明，無論是房屋政策，或者教育政策都是失敗的。房屋政策鼓勵了高樓價，而教育政策則縱容了校園政治化。政府不斷向激進的教師工會讓步，只會令對方的政治氣焰日益高漲。

如果教師不接受課堂非政治化，不接受限制他們在課堂內傳揚激進政見的話，他們離開這個行業，絕對不是壞事。繼續留在這行業的老師，都應該知道，他們的責任重大，家長將孩子交到他們的手上，無論「黃」或「藍」的家長，都不會希望教師把孩子訓練成炮灰，最終將他們送入監牢。

2021年05月12日

⑥

愛國者的責任：要勇於鬥爭

6.1

「和理非」選票沒有轉移之迷

2019年11月24日，區議會選舉塵埃落定，部份建制派選民執拗是否有160萬張選票失蹤，這只是一種虛假慰藉，其實輸了就是輸了。

分析選舉結果應該採取一個務實求真的精神，從結果當中發掘真相。是次的區議會選舉，建制派整體得票率42.3%，而反對派得票率為56.9%，基本上反映出大民意的四六之比。反觀2015年的區選，反對派得票率只有38.5%，而建制派得票率高達55.8%，主要是當時的選舉沒有那麼政治性，便沒有反映出四六之比的大民意。

建制派得票率42.3%，顯示絕大多數支持建制的人已經出來投票，可以說即使他們不滿意特首的表現，也含淚投票。所以，出現這個選票結果的關鍵，不是支持建制派的人沒有投票，而是對家有更多人出來投票。

從另一角度看，即時發生了五個多月的連場暴力示威，令社會造成重大損害，也沒有令到那六成的反對派支持者，或者所謂「和理非」的選票轉移。政府或者建制派以為連番的打砸搶燒，

會令到「和理非」投票轉向，或者至少不出來投票，但結果這種情況並沒有出現，是今次選舉當中最叫人猜不到的地方。

我與很多年輕人談過，頗了解他們的看法。發現建制派最大的盲點，是不理解對方心目中的「警暴」（警察暴力）問題。如果問一些年輕人，他們會否接受馬鞍山57歲的綠衣建築工人被黑衣人淋天拿水並放火焚燒，年輕人的回應會是一、整件事只是一場表演，是假的；二、那些黑衣人是「黑警」假扮的；三、比較理性的會說：「這些事情我也反對，不過……」

建制派聽完會覺得年輕人既偏離現實，想法也很天真。但當你和年輕人深入討論之後，會發現他們認為警察濫用暴力「有根有據」，在太子站殺死了至少6名示威者，另外，那名IVE的15歲學生陳彥霖也是被警察打死之後，棄屍海中。固然，科大學生周梓樂也是被警察推落樓的。既然警察如此殘暴，這個政權就一個暴政，面對暴政，那些反抗的暴力，即使不能夠接受，但可以理解。甚至有部份年輕人覺得暴力是必要的反抗手段。

這些觀感是有民調數據支持的。2019年11月的調查問市民是否接受示威者的暴力衝擊和破壞，結果顯示完全不接受的受訪者只有39.8%；理解但不接受的有27.7%；理解並接受的有24%；完全接受的有7.1%。把理解加上接受的人數比例高達58.7%。而更重要的是與2019年7月時的民調比較，這些數字沒有太大變

化。而理解或接受暴力衝擊的人群比例（58.7%）與今次區議會投票結果 56.9% 支持反對派相當接近。

由於這麼多人「理解或支持」暴力，所以即使經歷連場的暴力示威，也沒有令到他們轉而反對反對派。另外，民調又顯示，有 42.5% 的人認為特區政府要為暴力負最大的責任，而覺得暴力示威者要負最大責任的只有 12.9%。這解釋了投反對派票的人群的邏輯，示威者固然暴力，但警察殺人滅屍的行為遠為殘暴，而要為各種暴力負責任的是特區政府。所以，他們堅持要投票給反對派。

反對派的核心觀點是「警暴」，基礎是眾多虛假消息，例如民調顯示有 48% 的人認為警察在太子站打死了示威者。但暴動延續至今，政府並無成立心戰室去打輿論戰，任由對手捏造和散播警察殺人的消息，令很多人形成根深蒂固的仇警概念，再加上特首極低的民望，就成為今次建制派區選大敗的核心原因。

2019 年 11 月 29 日

6.2

無意識形態會丟失政權

我嘗試用剝洋蔥的方法，逐層去拆解2019年這次區選反映的核心問題。這次區選的表象是56.9% 支持反對派的選民，即使見到有暴徒淋天拿水放火燒異見者的極端暴力、遇上連番堵路阻地鐵的超級煩擾，但依然支持反對派，連5% 至10% 的選票也沒有轉。關鍵是他們深信了警察殺人、政權殘暴的宣傳。而造成這個亂象的底因，是香港亂了六個月，政府仍沒有成立心戰室打輿論戰。

為何政府連心戰室也沒有？我與幾名政府高官談過這個問題，他們提出一些似是而非的原因，例如這種事情之前未做過，又或者這樣做並非特首的風格等等。但我認為這不是一種忽略，而是政府高層根本選擇不去高姿態打輿論戰，皆因政府不希望與示威者全面對抗，根本不想站在他們的對立面上。

政府高官對有政治性爭議性的政策，只求通過，不作論述，早已成為特區政府施政的風土病，因為特首、高官們只珍惜自己的羽毛、只關注自己的民望，見到可以攞分的事情就出來雄辯滔滔，一遇到富爭議的政治議題便潛龍勿用，只求最後能夠在

立法會夾硬通過，不論述令政策支持低下，早已習非成是。

但今次的情況更加複雜。由於泛民和勇武合流，幻化成一支反對派聯軍，狂攻建制。按道理特首應是建制的大將軍，應該帶頭和反對派聯軍對抗。但她一有機會，卻變身成為球證，站在建制派與反對派中間，老是想去和談。

即使是街頭暴亂，警察為了維護社會秩序對付暴徒時，特首的球證心態仍是揮之不去，沒有旗幟鮮明支持警隊。很多時候，警察只能夠單打獨鬥，打完半日仗又要出來解畫，政府則龜縮在幕後，發出一個又一個的譴責聲明。特首根本不想領軍打仗，又怎會成立甚麼心戰室呢？

有人問我政府高層是否有真黃絲、無間道，我不敢苟同，因為我看不到特首以至政府高層有很強的政治信念和意識形態，他們的問題正正是沒有意識形態，以顯出一種「西瓜靠大邊」的投機。

不知從何年何月開始，特區政府崇尚政治化裝，可能禮賓府的幕僚看得美劇《白宮群英》（*The West Wing*）和《紙牌屋》（*House of Cards*）看得太多，以為政治就是要耍手段，搞搞化裝，弄高民望，就可以長期執政。最後本來已無信念的政客，變得加倍投機，所有人都可以是盟友，所有東西都可以交易，最後就忘乎所以，盡失本心了。

香港政壇有兩種主要的意識形態，本來是民主主義和民族主義的鬥爭（泛民鬥建制），但大家都在「一國兩制」的框架內，用中國的說法是人民內部矛盾，可以調和。但最後泛民派生出港獨主義（本土派），一講到港獨，和民族主義就是敵我矛盾，是你死我活的鬥爭。

這場反修例風波，泛民和本土合流，民主主義搭上港獨主義，這是泛民最錯的地方，表面上是和暴力不割席，骨子裏是和港獨不分家，在中美貿易談判的最敏感時刻，走去華盛頓叫美國制裁香港，實際是針對中國，帶香港走上最危險的背叛國家的道路，泛民若不回頭，最後將要為這個錯誤決定，負上沉重代價。

特首面對民主主義和港獨主義的合流，在此等大是大非面前其實別無選擇，只能站在民族主義這一邊，全力抗暴，借抗暴拉泛民回頭，而不是閃閃躲躲不去表態。在抗暴上不作為，令民眾以假為真，誤信流言，按此投票，最後就喪失政權。

我過去介紹過一本書，是 Franz Schurmann 所著的《共產中國的意識形態和組織》（*Ideology and Organization in Communist China*），講述中共如何靠意識形態和組織兩大法寶，以少勝多。我研究時再加上第三大因素：魅力領袖，中國當年靠共產主義、嚴密的黨組織和毛澤東的領導，奪取政權。

香港特區政府既無魅力領袖，又放棄意識形態，平時選舉靠地區組識一項，遇上這場顏色革命，就顯得手足無措。要上場戰鬥，首先要有信念支撐，若覺得對手的信念比自己高，你自然厭戰，那就未打先輸了。

2019年12月04日

6.3

養寇自重的災難

香港發展到如今的局面，激進政治積重難返，與香港傳統精英也有關係。從政府內的文官，到建制派的大黨，再到商界，這些精英本來是體制的核心，掌握大量政治和社會資源。他們面對激進反對勢力的挑戰，本來有很多機會全力抗擊，但他們並無採取應有行動。歸根究柢，源於兩種心態。

第一，膽小怕事。在前特首董建華2005年腳痛落台時，有一名政府高官議論此事時說，原來中央換特首是看民望，但如果香港玩民望政治的話，整個政治生態會劇變。這名高官甚有遠見，看透了民望政治的關鍵，就是只做人民喜歡的事情，甚至乾脆不做事。

過去十多年，泛民主派逐漸蛻變成反對派，由理性地監察政府，變成為反對而反對，再蛻變至激進反對派，使用街頭暴力，同時癱瘓議會。政府內的文官面對此變局，有人以為和激進派玩玩利益交換就可以駕馭他們，更多人是害怕和他們辯駁對抗，以免成為打擊對象，影響自己民望。

民調機構操控了對高官的評分準則，那些敢於出來與激進反對派打仗的官員，民望不高，那些龜縮一角、不哼一聲的官員，民望反而較高。這些官員聲望的民調，促成一種「為官避事」的方程式，不做事民望就高。習主席近年說的「為官避事平生恥」，就是針對這類官員。2020年4月離任的這批局長中，有一個出名不作為，他佔據敏感職位，掌握大量資源，就連建制派私下也對他劣評如潮，最後阿爺也看不過眼，終至丟官收場。

第二，養寇自重。很多文官精英和建制大黨都看着民望做人，覺得民望高便可以升官發財或者連選連任，但商界精英的想法並非如此，他們不是靠民望搵食，雖然都希望威威水水，但不會把民望放在第一位。然而，他們卻有一種買辦（Comprador）的心態。

過去百多年，香港都是一個買辦城市，英國人侵佔香港之後，把香港由一個小漁村變成一個商業港，香港華人買辦成為幫助歐美國家與中國進行貿易的特殊經紀人階層。過百年的買辦式經濟活動，衍生了香港很特殊的文化。就算香港回歸了，商界仍有這種心態，在中外夾縫中間，兩頭皆吃，自得其樂。

但隨着中國愈來愈強大，國企、民企也來香港與本地商界競爭，本地商人隱隱然覺得，阿爺太強，他們會「無地容身」，所以他們希望香港的反對派可以頂住阿爺的勢力，為他們爭取更大空

間，讓他們可以繼續獨攬本地生意，繼續賺大錢。

香港的商界不是太多人熟讀中國歷史，其實他們這種行為，歷史上叫「養寇自重」或「養敵於外」，在中國幾千年歷史屢見不鮮。養寇自重通常是指一些鎮守邊關的戍邊大將，由於朝廷的軍餉不是那麼容易得到，如果一下子平定邊疆，盡殺犯邊外敵，朝廷覺得太平無事，朝廷就會少發軍餉。所以，這些戍邊大將對付外敵，一方面會收部份外敵支派作為自己的手下，讓他們自相殘殺，另一方面會打打停停，甚至刻意放生他們，讓他們不時擾亂邊疆，到時又可以向朝廷告急，為取更多糧餉，然後又殺一、兩個外族頭目，向上邀功。

明末的大將李成梁（1526-1615）是經典，他鎮守遼東，抵禦女真族的進攻。清太祖努爾哈赤的爺爺覺昌安和父親塔克世，本與李成梁關係良好，但在進攻古勒城時，因尼堪外蘭的誘導而遭明軍錯殺。努爾哈赤憑着塔克世餘下的十三套甲冑起家，他用了八年逐步統一建州鄰近部族。期間李成梁不但坐視努爾哈赤壯大，更支持努爾哈赤分化女真諸部，與女真打打停停。努爾哈赤起兵33年之後（1616年），努爾哈赤稱汗，建立後金，並於1618年宣讀《七大恨》討明檄文，並發兵全力進攻明朝，最後於1644年由其子皇太極推翻明朝，建立清朝。

李成梁養寇自重，是明朝覆亡的其中一個關鍵。香港部份建制

派也有這種養寇自重心態，把反對派愈養愈大、愈來愈激，想借此制約阿爺，最後演變成去年（2019年）的暴力反修例風暴，一發不可收拾。阿爺當然看到香港的問題，現時出手的一個方向，是要逐步扭轉建制派各有盤算、一盤散沙的傾向。

2020年04月24日

6.4

香港染上「斯德哥爾摩症候群」

2020年立法會內務委員會因為反對派拉布，選了半年也選不出主席。另外有大量的政府撥款申請在立法會嚴重拖延。這些事大家初見時都甚覺驚訝，但久而久之，大家習以為常，甚至愈來愈多人覺得反對派拖得有道理，卻不知道自己為拉布付出重大代價，人家拉布，自己找數。

香港陷入一個集體「斯德哥爾摩症候群」（Stockholm syndrome）。這名詞源於1973年瑞典斯德哥爾摩一單銀行劫案，匪徒 Jan-Erik Olsson 衝入當地最大銀行打劫，事敗劫持四名銀行職員與警方對峙。經長達六日圍困，最後劫匪釋放人質。這班銀行職員長時間聽了匪徒 Olsson 的故事，對他產生同情，認同其做法。事後警方將匪徒告上法庭，但四名人質不但不願上庭指證，還替他籌款抗辯。後來瑞典警方找來犯罪學者 Nils Bejerot 研究，發現人質長時期只聽劫匪單方面道理，結果被洗腦，出現這種同情加害者的「斯德哥爾摩症候群」。

我很早已經發現，香港政治上出現「斯德哥爾摩症候群」，大家聽加害者單方面講故事，久而久之，認同了對方的觀點。

這個病症出現之初,源於一種怕事心態,主要在高官和建制派議員的社群中擴散。遠在十多年前,反對派在立法會開始玩激進,那時激進派仍勢孤力弱,但行為偏激。高官和建制派高層認為,政策法案和財政撥款都夠人數舉手通過,所以採取「你有你講,我有我過」策略,明明自己有道理的也不去論述,因怕被對方搞,所以不出聲為妙。而對方本來沒有甚麼道理,卻拚命論述。公眾不明就裏,偏激意見聽得多,就覺得激進派也有道理了。

尤有甚者,有建制派大佬,善於討好激進派。多年前任由長毛在立法會「表演」,待長毛曝光夠了,循例叫保安請長毛離開議事堂,長毛也欣然合作,表演完就收工走人。激進派有充份曝光機會,愈養愈大,不斷細胞分裂,快速繁殖。背後是建制派大佬為保自己的光環,不斷向激進派放水,終至覆水難收。

激進派由量變到質變,全面佔據政治意識形態高地,恣意扭曲民主理念,毒化香港「一制」,主要在兩個關鍵地方下工夫。第一,不按遊戲規則辦事。民主本是一個按規則運行 (Rule-based) 的制度,只要按規則進行,即使得出和自己意願相反的結果,也會接受,因民主主義者堅信,按規則辦事才可達到制約獨裁的目標。然而,激進派由議會內玩激進花招,到拉布拖垮議會功能,再到街頭暴力攬炒,最後演化成用天拿水淋人放火的無底線行為。這是有意識一步步升級,最後在宏大理想包裝下,演化成全無底線的衝擊。

這是玩少數人政治的極致表現：我是少數，但我理想最高，我大晒。在反對派夠膽日日講，而高官建制派多一事不如少一事不敢去講時，少數派歪理變成真理。人質天天被人洗腦，愈來愈多人倒過來同情劫匪。加害者就由少數派慢慢變成多數派。

第二，否定包容。民主制度本質是透過選舉去產生領袖，在這過程中要有包容的理念。大多數人支持的領袖勝出，也要包容落選者民情。所以很多外國極其對立的選舉後，勝出者第一篇勝選宣言，往往提出對立的雙方和解，共同管治好一個地方。然而，香港早於2010年已有人有意識地散播民主不應包容概念，這是本地大肆搞破壞的勇武思想的根源。包容的反面就是仇恨，去年（2019年）的反修例運動中，經常出現「死全家」標語，建制派議員的辦事處亦遭嚴重破壞。而後來一些在區議會選舉勝選的議員，會在辦事處門外貼上「藍絲與狗不得內進」的告示。

當反對派在未能以大多數議席去控制立法會的時候，就用拉布等破壞遊戲規則方式，去癱瘓政府。但當自己在區選大勝之後，就倒過來用體制暴力壓迫少數對手。這不是民主社會，是「多數人的暴政」。

香港的一制已被騎劫，病情甚深。

2020年04月15日

6.5

民望政治，毒害甚深

特首林鄭月娥最近的部份言論相當惹火，例如在上周末（2019年10月19日）接受訪問時，說支持警隊嚴正執法，但不等於「盲撐每一位警務人員，每一個行動」，又話「願意研究在不違反法治下為未成年被捕者提供額外支援。」

在過去的星期天（2019年10月20日），僅僅一天暴徒一共投擲了超過100個汽油彈，還好警方在大埔截獲了42個，否則掟彈的數量更多。香港還在打仗之中，但特首卻由領隊變了球證，難免惹起議論。

香港的政壇、公營機構以至大學，都充滿着想討好公眾、特別是年輕人的心態，其根源是「民望政治」。猶記得董建華落台之後，到曾蔭權上台，政圈透出挑選特首「以民望為先」的訊息。當時有高官私下搖首興歎，說如果特首以民望為先，等於引入「民望政治」，特首事事考慮民望，將一事無成。皆因香港的特首有異於西方的政治領袖，西方領袖背後都有堅實的政黨支持，香港特首沒有政黨背景，本來已經要做大量政治平衡的工作，如果再加上以民望優先的標準，特首將會更忘乎所以。這個十

幾年前的評論，如今看來，有深刻的道理。然而其災難程度，卻不是當年可以想像。

本來，特首以至公職人員照顧民望，無可厚非，但當所有事情都只考慮民望，愈演愈烈，最後就本末倒置，很多時候只會考慮民望，而忘記了自己應該要做的事情。例如有某大學校長在上任時，說他不會聚焦於大學的排名，要發展人文精神。結果校長與學生一起飲啤酒、看球賽。我當時已覺得相當驚訝，校長與學生一起看球賽，搞到很親民，增加他在學生之間的民望。但大學是教學育人之地，校長為甚麼不和學生一起看書，而是看球賽呢？做這些門面工夫，又能夠培養到甚麼人文精神呢？幾年之後，大學不爭取排名，便求仁得仁，國際排名如願下跌，而號稱培養人文精神的大學，卻變成了「暴民大學」。皆因大學的領導者，忘記了大學的應有工作。

政府亦如是，做事要分主次，近年政府經常搞民望工程，由早年學前港督彭定康落區食蛋撻，搞些小化妝。到近年去到核心議題，覺得上屆特首得罪發展商，得罪泛民政黨，就反其道而行，改為親近之，當成民望工程的核心部份。因為特首覺得光搞化妝工夫，已經不夠，由於發展商有力操控輿論，而泛民政黨則主宰了是否攻擊政府的咪高峰，覺得處理好和泛民及發展商的關係，便可以得天下。結果當然是鏡花水月，空中樓閣。得到一天半日的太平，卻遠離長治久安的正道。

當暴亂已經過最危險的關口，整場運動也露出了一點疲態，中央需要派解放軍或武警入城的風險已經大減，但並不等如運動已經平息。止暴制亂尚未成功，特首突然間又變回一名球證，好像很客觀地要去檢視警隊的行為，又話考慮支援年輕被捕者，大大挫傷了警隊的士氣之餘，還鼓勵了暴力衝擊。有年輕示威者私下也評論話，「政府一時一樣，都唔知佢想點。」

香港的特首來自英治時期政務官，雖然是決策階層，但以前真正握決策大權的是英國高官，他們只需要聽聽話話，協助規劃政策便可以了。到回歸之後，政務官坐上了揸旗的大位，中央政府亦緊遵「一國兩制」原則，不插手香港政務。當「民望政治」毒害擴散，政府在不知不覺之間為民望而民望，只要民望上升，甚麼也無所謂，結果卻變成左右不討好，無所作為，但仍不知道真正問題的所在。2011年車公靈籤有云：「威人威威不是威」。執政者要有效施政，才是真正的威。愛搞政治化妝、塗脂抹粉的軟性工程，遇到困難便龜縮，一點也不威，反而只會被視為軟弱可欺，導致暴亂拖延，禁而未止。

2019年10月25日

6.6

一片雪花的責任

看到一條短片，真的很感動。影片是在下午四、五時拍攝，地點是在西環卑路乍街，暴力示威者把大量磚塊欄杆等掉到馬路上，阻礙交通。有過路女途人主動清理在路面的磚塊等雜物，後來見到一名外國男子加入，隨後加入清除路面上雜物人愈來愈多，他們互不交談，只是默不作聲地清理路面，讓馬路回復原狀。人人出一分力，希望社會回復正常，重拾和平，這只是一個很卑微的願望。

我當時想，連普通市民都懂得做的事情，而公務員、特別是政府高官，究竟做了甚麼事情呢？

昨天（2019 年 11 月 12 日）也看到了另一短片，見到一名中年男子被一群暴力示威者追打，被打得頭破血流，有留言指被打的男子是一休班警員，真相如何，也說不清。事發地點在一部消防車的旁邊，片中見到有消防員在旁，但袖手旁觀，甚至無制止示威者不要打人，連規勸一聲也沒有。被打的男子最後衝上了消防車躲避，影片就此完結。

這些袖手旁觀的消防員，究竟有沒有良知？他們可能覺得制止別人打人，不是他們的責任。這種事情已經發生了很多次，那次有一名的士司機被圍毆至瀕死，也見到有消防員在旁邊，也沒有施以援手。紀律部隊都冷漠如斯，連一個挺身而出去制止暴力的普通市民也不如。更不要說有些人脫下制服，就變身暴徒，參加暴亂。其實，這些公僕的心態很簡單，若不是完全認同違法示威，便是一種冷漠的「雪花心態」，他們覺得事不關己，只要避在一旁，不燒到自己身上就可以了，可繼續享受高薪厚職，逍遙快活。

我之前在文章中引用過一句廣為流傳的名言：「在雪崩的時候，沒有一片雪花會承認是自己的責任。」在雪崩之後，沒有一片雪花可以逃避責任，雖然他們自己並不承認。這種「雪花心態」，在政府之內、在社會之中，極其普遍。

早前見到衛生防護中心公布處理催淚煙的建議，說如果接觸了催淚煙，就需要清洗皮膚、洗眼和更換被污染的衣物。由於示威者不斷質疑警方放催淚彈是「催淚彈放題」，衛生防護中心便作出如此回應。當我見到這個回應，真是笑得合不攏嘴，笑這個政府真是太荒謬了！人家作出「催淚煙放題」的質疑，是從方方面面去針對警察的行為，衛生署走去和應，就等同幫對手一把，去質疑警方施放催淚煙。問題是如果沒有暴力違法示威、堵塞道路、掟汽油彈，防暴警察需要施放催淚煙嗎？

這種「人問你就答」的愚笨行為，源自一種自保心態。為甚麼衛生防護中心不出一些指引，關於被天拿水照頭淋加上被人點火時，應該如何應對？或者樓下的店舖被縱火，濃煙滾滾，會對樓上的居民的健康有何影響呢？又或者消防處也可以出些指引，當遇到樓下店舖被人放火時，樓上住客如何逃生呢？

我覺得是否也應該有人問問衛生署，政府高官拿這那麼高的工資，他們的 IQ 理應比一般的市民高，但看似不像，是否捉高官們去做做 IQ 測試，然後公諸於眾呢？只要你肯去問，恐怕衛生署也會有一個答案。

早於今年（2020 年）7 月，我早已講過「六七暴動」時的港英政府如何應對。當時整個政府高層變成了一個防暴心戰室，每天都在部署如何打防暴戰、打輿論戰，從沒有聽過當時的港督戴麟趾，說要與暴動人士對話。如今香港這場暴亂已拖了五個月，未見到政府有一個抗暴心戰室，只見不同部門各自為政。衛生署出防催淚煙指引，地政總署則說中銀門外那些防止暴徒破壞的裝置是違法、是僭建。拖着拖着，整個社會的人心便變壞；拖着拖着，暴戾就變成膿瘡，腐蝕着社會的肢體、腐蝕年輕人的大腦。

當每個人都是一片不負責任的雪花的時候，整座雪山遲早都會崩掉。香港政府如果不是有中央政府這個大後盾，恐怕早已垮

台。特區政府如何振奮精神，組織整個政府全力抗暴，是如今的最大要務。

2019 年 11 月 13 日

6.7

在大是大非面前敢於亮劍

對上周六（2019年8月31日）沒有出大事，警察最後在太子站拘捕了40人，後來網上就謠傳太子站死了六個人，站內死人，家屬一定會出來控訴，無人控訴，何來死者？不過散佈假消息者的作古仔技巧都好高，謊話如果無人大力澄清，講四次就會有人信。結果上周初就已經有人去旺角警署示威，顯然是針對太子站的所謂「死人事件」，不過政府對這件事似乎掉以輕心，結果太子站及旺角警署的示威就愈演愈烈。

政府在上周六就好似如夢初醒一樣，接連發表新聞稿嚴厲澄清，雖然仍然只是無名無姓的「政府發言人」式的表態，但由於措詞嚴厲，總算都起了一定的效果。整件事就顯示政府仍維持着平常的思維模式，並沒有進入一種作戰心態，對各種類型的謠言掉以輕心，讓謠言炒大。總結而言，政府仍然在「和」及「戰」兩極中搖擺，表現出一種時和時戰的態度，結果就事倍功半，令暴力示威持續發酵，禁而不止。

最近內地及香港好像活在兩個平衡世界，香港政府即使面對着每天晚上汽油彈橫飛的暴力示威，高官仍然將「對話平台」掛在

口邊，事實上很難想像怒火中燒的暴力示威者，跟特首林鄭有甚麼對話的基礎；而內地就經常強調要止暴制亂，對暴力示威大張撻伐。

在這平衡時空中，中共總書記習近平在中央黨校中青年幹部培訓班秋季開班儀式上發表的講話，值得關注，他的講話中提到一個核心關鍵字「鬥爭」，出現了近60次，他講話的主題都不言而喻。習主席每年秋季都到黨校發言，今次主要講鬥爭，他提到這樣的背景，是因中國民族由「站起來、富起來到強起來」的飛躍，現在去到一個中流浪更急的階段。雖然習主席在這篇講話中無點名，但要挑戰中國「強起來」的對手，相信都是非美國莫屬了。

面對這麼複雜的國際政治環境，習主席就強調要有鬥爭意識，他提到一些幹部最缺乏實踐經驗，特別是缺少在重大鬥爭中驚濤駭浪見世面的經歷，平時他們工作很勤奮，一遇到大風大浪時就沒有主見，總希望一切都太太平平的工作，思路也就是這個思路，求穩心態有餘，鬥爭精神不足。

習主席這幾句用來贈給特區政府的高官，其實都相當適合，在這場風波裏面，他們總希望搞搞和緩，捱下風波就會過去，其實這恐怕只是一廂情願。

習主席話領導幹部要主動投身到各種鬥爭中，在大是大非面前敢於亮劍，在矛盾衝突面前敢於迎難而上，在危機困難面前敢於挺身而出，在歪風邪氣面前敢於堅決鬥爭。如將他這幾句套用在香港目前的局勢，暴力示威就係一種歪風邪氣，究竟香港高官面對暴力示威的時候，敢不敢挺身而出呢？如果發一個聲明都只是用「政府發言人」的名稱，而不敢用真名實姓站出來講，恐怕都是缺乏亮劍精神。

習主席的講話非常具體，其中提到鬥爭的戰術方面，有三個「要」：

第一，要抓主要矛盾、抓矛盾的主要方面，合理選擇鬥爭方式、把握鬥爭火候，在原則問題上寸步不讓，在策略問題上靈活機動。

第二，要根據形勢需要，把握時、度、效，及時調整鬥爭策略。

第三，要團結一切可以團結的力量，調動一切積極因素，在鬥爭中爭取團結、共贏。

如果套用習主席這三個「要」講到香港目前的局勢，主要矛盾自然是在香港鼓動暴亂的幕後勢力，矛盾主要方面自然是那最激進的那一、二千個最暴力份子。在原則問題上寸步不讓當然是指要全力止暴制亂，在策略上面可以機動靈活，團結一切可以團結的力量，是指在適合時候搞搞和緩，例如接受撤回逃犯條例。但關鍵問題上寸步不讓，在香港目前的局勢底下，撐警就

是關鍵問題，無法退讓。

阿爺好明顯對問題分出主次，以止暴制亂為主，搞些和緩策略為次，搞和緩只想令人數較多的「和理非」有下台階退場。但特區政府卻將主次不分，經常以次為主，在關鍵問題上不敢亮劍，恐怕特區的高官都適宜讀讀習主席這篇講話，好好學習亮劍精神。

2019年09月10日

⑦

史海鈎沉：翻開歷史這本教科書

7.1

殖民地的舊記憶

想起最近（2017年）和朋友的一場飯局，提起香港回歸，議論到香港有一小部份年輕人打出龍獅旗，說希望香港重回英治時期。

對我們這些50歲以上的人而言，有人覺得這些言論很可笑，有人覺得很唏噓。接着大家講起殖民地的舊記憶，勾起了我浮想連篇的回憶。

第一件是保安司的重門深鎖。說也奇怪，講起殖民地，我腦海中浮出第一幅圖畫，並不是電視收台時播出的英女皇頭像，而是保安司（即現保安局局長）的大門。我成長的上世紀八、九十年代，已經到了香港作為殖民地的末段，社會上的殖民色彩不濃。我有一個採訪經驗，令我印象深刻。在90年代中期，我約了保安司區士培（Alistair Asprey）做訪問。我去到中環舊政府總部區士培的辦公室門外，那時其他部門已變得相當開放，唯獨是保安司那種重門深鎖的感覺，叫人窒息。保安司辦公室大門外有一把大鎖，把門鎖上，通傳之後，打開大鎖開門，才讓我進去。只見辦公室由上到下，包括秘書小姐，清一色都是英國人。我即時感受到平時不太覺的殖民地味道，意識到保安工作是如

何的敏感。英國人根本不信任華人，不讓他們處理相關的工作。

也是那個年代，警察部門內本來設有政治部，處理政治敏感問題。當時英國政府部署從香港撤退，解散了政治部，並且由保安局負責篩選哪些是重要檔案，全部運回英國，恐怕亦包括了很多香港名人的負面材料。區士培為人不錯，也很健談。但我的思緒早已被那種純英國人參與保安司的感覺佔據了，整個訪問滿不是味兒。

第二件是一粒螺絲的故事。在殖民的年代，香港政府的重大工程，基本上由英資公司所壟斷。一位在政府工作的朋友告訴我，他們在政府內搞工程，哪怕是一粒螺絲，也指定要從英國公司訂購，即使其他國家製造的螺絲質量更好，本地生產的螺絲價錢更便宜，也禁止採購。小如螺絲也如此，何況是大型工程？英國公司佔盡了優勢。

過去是英國人話事的年代，政府的高官司長、署長，絕大多數是英國的洋人，商界也是英資的天下，公司高管當然也是英國人。香港人在華資公司工作尚好，如果在英資公司工作，絕難升上最高管理階層，華人自知是次等的！這個不公平的感覺，今天已完全沒有了。

第三件是英國撤退時，首先考慮的是保障英資公司利益。已去

世的中英聯合聯絡小組中方代表鄭偉榮，有次和我閒聊，叫我猜一猜80年代初，中英就香港前途談判時，英國最先提出的是甚麼問題？我回答是不是關於香港的選舉？他輕輕一笑，說當然不是。英國人最先提出的問題是如何保障英資公司在港的利益，包括大東電報局的國際長途電話專營權，電話公司本地電話專營權和國泰航空的航權等等。

英國人主要想保障自己人的利益，而不是香港人的選舉權利。尤有甚者，當中英雙方在選舉問題上爭持不下，只要中方在英國人在港利益問題上作出更大的讓步，例如讓大東電報局的長途電話專營權可以延長到2006年，遠遠跨越1997，英方在其他問題上，都可以比較彈性地處理。

不同年代的人由於生活經驗不同，對事物的看法也很不一樣。我不大懷念殖民地時代，因為那種不公平的感覺，揮之不去。香港回歸之後，即便問題重重，但說到底也擺脫了被殖民的地位，由港人當家作主了。

2017年06月29日

7.2

魯平受辱小故事

前港澳辦主任魯平過身，認識他的人都感難過，他是一個對香港有感情的京官，而這種感情，源於香港的歷史。

我和一班老記者在 2011 年 3 月，到珠海探望魯平，他那時身體還可以，還建議我們看一些歷史書。言談間他說起，他們那個年代的人，都很愛國，說我們這一代年輕人（其實已不年輕）沒有他們的經歷，自然沒有那種感情。

魯平說他當年在上海聖約翰學院唸書，學院處於日本租界那裏（租界等於一個租借地，由外國租借了，歸外國管轄），他們騎單車上學，要經過一座橋，有日本士兵把守。學生們經過日本兵前，要下車脫帽，向日本兵行禮。

有一天年輕的魯平親眼見到，在他前面有一個印度籍的同校學生（那時上海有各國人士聚居），騎單車過橋，不知是否想着甚麼事情，沒有下車敬禮。日本兵二話不說，就把那個同學從車上拉下來，一巴掌就打過來，那同學自然不敢反抗。

魯平說自己平日走過要向日本兵敬禮，已感非常屈辱，看到同學在中國人的土地上，受日本兵侮辱，也沒有辦法反抗，心中十分苦惱。心想為甚麼中國會弱成這個地步，被列強瓜分，還要在上海劃出英、德、法、日租界？

他們那代人，對香港有特殊的感情，主要不是因為他們特別熟悉香港，而是覺得香港作為殖民地，割讓給英國155年，到1997年回歸，是一雪民族之恥，是擺脫被列強侵害奴役的命運，是一填心中之痛。所以在97年香港移交儀式上，這一代人看着英國旗降、中國旗升，熱淚盈眶，喜悅之情，發自內心。

魯平的愛國心，也是愛港之心，只想香港成功，不想香港失敗，特別是不想香港回歸之後失敗。

魯平1990年出任港澳辦主任，那時面對香港人心未定，港澳工作一點也不易做，在接近回歸的日子，魯平甚至忙到病倒。他曾透露，當時中方做的很多事情，港人並不理解，每天他吃的午飯，就是將之前一晚的剩菜熱一熱，在辦公室當飯吃，而且邊食邊爭取時間看香港報紙，愈看愈激氣，所以胃就開始不妥。

到1994年因為太忙沒有應醫生建議做胃鏡檢查，到1995年就照出陰影，在5月港澳訪問行程結束，返到北京就入院做切除胃癌手術，在香港做了一期化療，魯平就對醫生說，工作實在太多，

並沒有做到第二期療程，又投入後過渡時期的工作，用他自己的形容詞為了回歸這個必須完成的任務，「挺住了」。他們這一代親身經歷了中國的動盪時代，對國家對香港回歸的感覺特別強烈。

反觀我們這一代人，了解中國歷史之事，只能看看書，聽聽父輩講的故事。而我們下一代、下兩代人，距離這些事情就更遠了。最近聽到有個小朋友就讀的中學，升中四下年度的中國歷史科，只有四個人報讀，結果開不成科，我的心就有點痛了。

2015年05月04日

7.3

民族感情 · 良心 · 血性

看着今年高考歷史科的試題，叫學生評「1900 年至 1945 年間，日本為中國帶來的利多於弊。」只覺啞然。

每個國家，總有其傷痛的歷史，近代中國， 最痛苦的傷痕，莫過於日本對華的侵略。一句「利多於弊」，實在挖到中國近代史最深的傷口之中。

這條試題引述兩段資料，資料一取材自 1905 年出版的日本法政大學校長梅謙次郎的一篇文章，文內提到，清朝人范源濂請求日本法政大學，提供協助，在大學成立一年課程，讓清朝留學生赴日學習法政學科，為清朝的改革，培育人才。

資料二是取材自革命家黃興於 1921 年 1 月寫給日本政客井上馨的一封信。國民革命軍籌劃組織中華民國新政府，並計劃北伐，要求日本三井洋行予以贊助，籌集資金。

看完這兩段資料，合理推論是日本幫助中國很多，「日本為中國帶來的利多於弊」的結論，躍然紙上。

試題問的時段是「1900年至1945年間」，但對1912年以後的歷史卻隻字不提。1914年日本開始入侵山東，1931年發生「九‧一八事變」，日本全面進犯東北，1932年日本在東北建立偽「滿州國」，1937年日本發動七七蘆溝橋事變，全面侵華，中國進入八年抗戰，同年發生南京大屠殺。1941年日本侵佔香港，本地展開三年零八個月的日佔歲月。中國的苦難日子，直到1945年日本戰敗才結束，中國至少有9,000,000平民死於戰火之中，這真是血淚斑斑的歷史啊！

這條問「1900年至1945年間」中日歷史的試題，無片言隻語講述日本殘酷的侵華戰爭，只引述大家都很少留意的日本政法大學培訓清朝學子和三井洋行借錢給國民革命軍的資料。出題者抓小放大，以偏概全，叫莘莘學子如何作答呢？

我小時候常常聽爸爸講述抗戰的歷史，他先在1937年日軍侵華時，走難到香港這個英國殖民地以避禍（日本初時並未向英美宣戰）。後來日軍在1941年12月7日偷襲美國珍珠港，發動太平洋戰爭，旋即在12月25日佔據香港。

爸爸幾十年後講起這段歷史，仍然猶有餘悸。他述說日軍在香港到處抓「花姑娘」（指美麗女孩）來強姦；在街上查問路人，一言不合就用槍上的刺刀把人刺死；日本兵拖着的狼狗，把街上香港人的死屍肚子咬破，把腸也拖了出來吃。幾十年後我和

爸爸在街上走，他一見到德國狼狗，仍然會馬上繞道走。

對親歷日本侵華的人來說，這條「1900年至1945年間，日本為中國帶來的利多於弊」的試題，不但沒有民族感情，也沒有良心，沒有血性。當年日本這樣侵略我們的國家，殘殺我們的人民，真是「利多於弊」？

現今的香港，已經泛政治化，有考評局官員在社交媒體上稱：「沒有日本侵華，哪有新中國？」有些人充滿了仇中情緒，一葉障目，不但會扭曲現實，還會扭曲歷史。將可怕的觀念，傳給下一代。

現今的香港，所有的事情也可以變成通識題。日本侵華的利弊可以討論一下，美國消滅中國的利弊也可以探討，有人認為這樣才是自由。按這個自由邏輯，殺人利弊，也可拿出來討論了。

做人要有原則，有底線，教育亦然。認同國家民族這個基本立場，就是底線。如果要以日本人的角度看待侵華戰爭，以英國人的角度看待鴉片戰爭，何不移民日本、英國呢？

香港若忘記了國家民族的基本定位，只是「無源之水，無木之本」，在國際大舞台上，只是一條無助的小魚，最後的結局，只會被人一口吃掉。

2020年05月15日

7.4

江總的故事

回想起佔中運動開鑼前夕，香港特區風起雲湧。中央港澳工作協調小組組長張德江表示，人大常委會的決定不可撼動。壹傳媒主席黎智英到廉署接受問話。行政會議成員李國章就「罷課學生退學論」和學生舌劍唇槍。政治在躁動，預示着新一輪的風暴。

回歸之初，香港內部有政治角力，阿爺只是旁觀者，沒有落場踢波。2003年第一波反對浪潮，激起阿爺對香港事務關注介入，出手操盤，換了特首。2013年泛民發起佔中運動，第二波反對運動，促使阿爺由幕後走到台前。到此階段，開始出現捉象棋時的博弈情勢，你吃我的馬，我食你的車，最後死傷必多。

泛民內部的激進派，逐漸蠶蝕了溫和泛民對整場爭普選行動的地位，慢慢隨着運動把他們逼出舞台。玩一個「愛鬥大」遊戲。阿爺有少少「大不得」，就弄出這樣的對決。問題是激進泛民和阿爺開打的策略，最終會把香港帶往甚麼樣的地步？

我想說個小故事，是1998年前中共總書記江澤民訪港的小插曲。

那時是回歸第二年的7月1日，江總已是連續兩年訪港，可能因為官式活動太過乏味，於是就玩落區。江總當日是微服到馬鞍山新港城出巡，這並不是事先張揚的活動，但市民和傳媒聞風而至，大批湊睇熱鬧的市民逼在商場之內，爭相和江總拍照握手留念，萬人空巷，場面震撼，還記得其中一幕是將隨行的警務處副處長劉玉權被人夾在玻璃門上，逼到他面容也扭曲了。

眾多市民自發地歡迎江總，氣氛相當歡快。江總在離開時上車前，民政署署長李麗娟可能太高興了，還和他開玩笑，說我們幫你改了一個英文名，叫 Jimmy（與澤民同音），江總也欣然接受。

這個故事未完，聞說老江回到北京，召見了負責港澳工作的官員，話「你們為甚麼說香港是反共基地？我去香港探訪，香港市民十分熱情地歡迎我，令我置身於香港與內地人民深情厚誼的氛圍中，這一切給我留下了深刻、美好的印象。」江總隨即着令內地官員放寬對香港的政策，說香港的事情，我們不必管那麼多，他又嚴限內地各派出機構插手香港的事務。

中央領導人對香港的認識主要是聽下屬的匯報，偶然訪港，遇上熱情歡迎的市民，對香港的印象大大改觀，就放手讓香港自己去搞，認為要對香港更好。

香港和阿爺交往，從來有兩種手法，溫和與激進，江總的故事，教曉我們甚麼叫做良性互動。

2014年09月17日

（8）

香港需要怎麼樣的特首？

8.1

來屆特首要摒棄「買辦」心態

未來香港注定要大變。講到變,《易經》是描述轉變的最佳哲學思想。國學大師南懷瑾說《易經》就是教人要「隨流順變」。他說第一等人是聖人,他會帶領變化;第二等是會把握變化;末等人只會在變化之後跟着走。

做香港的特首不必要是聖人,但起碼是要懂得把握變化的二等人。南懷瑾舉了一個例子,他說主人家拿出食物邀請大家吃,你不吃,主人就會把食物拿回去。你懂得吃,就是你的智慧,吃或者不吃,就要看你的本事。食物的出現和消息,就是環境的變化,等着我們去回應,也直接影響到我們的命運。看這個例子,不正好是香港的情況嗎?

特首是香港的行政總裁(CEO),香港的成敗,握在特首手中。特首要掌握香港的巨變,我覺得來屆特首的思想,要有三種變化。

一、要摒棄「買辦」(Comprador) 心態,要有國家認同,這是最基本的心態。回歸前的百多年,香港是英國的殖民地。當時香港的上流人,主要充當外國洋行的中間人,即所謂「買辦」的

角色。香港的精英階層，就殘留「買辦」思想，即使回歸之後，總想着在中國和英美之間遊走，賺取好處，並覺得這才是「兩制」。

我已多次講過，隨着中國的強大，隨着美國要壓制中國，香港人在中國和美國之間，只能選擇中國，香港人已不可以再做「買辦」了，要明白「一國兩制」，一國才是核心。未來的特首，不應胡亂地和外國發展關係，明白從國家的角度，那個國家是敵，那個國家是友。

二、要摒棄西方濫用自由的惡習，不怕跟隨中國做聰明的事情，這是最重要的做事手法。作為特首，不應該以為越靠近西方的做法，民望就會愈高。阿爺殫精竭慮，完善香港的政制，就是要解除對特首、對政治的約束，不需要再為博取民望，做出一些明顯是錯的事情。

香港抗疫就是最典型的例子。中國在去年（2020年）1月爆疫，只花了短短三個月的時間，就完全將疫情控制住，是全球抗疫最成功的國家。中國抗疫有兩大法寶：全民檢測和健康碼。外國學不到，疫情便不斷爆發。而香港卻不想學，例如全民檢測，始終很抗拒去做，勉強做了一次普及檢測之後便不再做。其後阿爺多方催促，香港才終於搞小區封閉和較大範圍的檢測，對控疫有些改善，但效果始終不及全民檢測。最近大範圍檢測外

傭，已經找到三個確診個案，由此可見大範圍檢測的作用。

西方慢慢也承認中國抗疫有方，最近印度爆疫，美國傳染病學權威福奇（Anthony Fauci）便建議印度學習中國大範圍封城。

香港過去的問題濫用自由。未來的特首，不要以為跟中國做科學化的事情，就沒有「一國兩制」。

三、要放棄盲目崇外的思想，要對自己國家的制度有自信，相信中國必將成功，這是最重要的信念。香港過去有很多從政的人都盲目崇拜西方的民主自由制度，認為一定會比中國的好。其實，中國的制度也有優勢，就是高效、穩定。你看中國的基建全世界最好、高鐵的覆蓋全世界最大，就顯出西方的制度不一定勝過中國的。中國不但硬件好，從抗疫到發展經濟，中國都做得比外國好，這就是軟件優勢。

未來的特首，要有制度自信，相信一國，就自然會愛國，而不是很功利地靠攏。

「一國兩制」的路還有26年，我們要選出高瞻遠矚的特首，應對香港的大變，帶領香港走出困局。未來的特首應該要以自己是中國人而自豪，那些「身在漢營心在曹」的人物，就算了吧！

2021年05月06日

8.2

來屆特首要明白「大和解」此路不通

先和大家講一個故事。話說2014年香港爆發「佔中事件」後，前特首董建華籌備搞團結香港基金，希望找出方法，令香港不再出現佔中。當時他帶領一個工商專業界訪問團，浩浩蕩蕩幾十人前往北京訪問，還獲得國家主席習近平接見。據一個與會者講，會上有商界大老闆講到「河水不犯井水」，認為中央減少一些對香港的干預，香港就會很好。

當散會之時，習主席走到這個大老闆面前，跟他說：「河流也是有分主流和支流的」。

這個故事很有啟發性。香港人就是這樣「無大無細」，將「一國兩制」中香港的一制，看得大過「一國」。習主席的提醒，就是要告訴香港人，「一國兩制」以一國為大。

那些經常說「河水不犯井水」的香港人，當中不少是香港的所謂傳統精英。他們認為內地不搞香港，香港自己會搞得「好掂」。而他們遇上政治問題，就高呼大和解，叫建制派和泛民大家「傾掂數」，以為杯酒言歡，問題解決。

這種大和解的理論，在很多人的腦海中已變成預設模式（default mode），遇有政治問題，搞來搞去，很快又走回「大和解」這條老路上去。我覺得有兩個原因。

一、舒服。不去和解，就意味着要戰鬥，政治上的戰鬥也是很費神的。而搞大和解，大家可以開開心心，杯酒言歡，當然舒服很多。

二、可以做好人。不講和解的人，表面上看來好像很好戰，是鷹派；而講和解的人，就好像和平份子、是好人、是鴿派。很多人愛名，就想做好人，想做大和解的倡導者。

毛主席的《七律·中國人民解放軍佔領南京》中有句：「宜將剩勇追窮寇，不可沽名學霸王」。當中的「霸王」，指的是西楚霸王項羽。而當中畫龍點睛的兩個字是「沽名」。「沽名釣譽」，是楚霸王的特色。他搞出一個鴻門宴，本來是要殺劉邦，但因為心慈手軟，被劉邦借尿遁，逃脫了，最終連江山也輸掉。沽名釣譽，要做好人，會丟江山的。

來屆特首，應該明白「大和解」此路不通。主要有三個原因：

一、會被對方「食住上」。回歸後的20多年，反對派已玩出一套模式，就是和建制派傾和解。當建制派反對大和解，就說你

「左」，說你硬，說你是鷹，被貼上很多負面的標籤。你講和解，對方就會捧你場，大讚你是好人。客觀上就造成無論是街頭示威甚至暴力作反，警察不拉、政府不告、法庭不判，人人都要做「好人」，結果就搞到天下大亂，讓對方愈玩愈大。

二、你想和解，美國不會和解、台灣亦不會和解。香港的政治，很明顯有外部勢力的影響。美國雖然換了政府，但拜登針對中國的態度，其實一點也沒有變。香港想和解，美國會與你和解嗎？

三、人心未變。香港年輕人的反政府的思想很濃。早在2016年9月的立法會選舉，18至29歲的選民，有78%投了給反對派。如果今天投票，我相信會有90%以上投反對派。大家不要以為國安法訂立了，選舉制度改變了，甚至學校取消了通識科，年輕人的思想會馬上改變，感覺上一點也沒有變。現在先要他們認識現實，不是去討好他們。

在一個人心未變的情況下，你馬上去與反對派講和解，對方就會詮釋為：「中央又改變啦，都話咗會頂唔住啦。」這樣下去，中央要改變香港的努力，就前功盡廢。

所以來屆特首，不是去走出一條「大和解」的路，這只是一條死路。最重要的工作仍然是要撥亂反正。

2021年05月08日

8.3

要搵一個夠膽講「六四」的特首

立法會通過完善政制方案，9月選委會、12月選立法會、明年3月選特首。現在有很多人爭着做特首，大家搶先入閘。

在阿爺的眼中，香港特首一定是「堅定的愛國者」，港澳辦主任夏寶龍曾經說過，堅定愛國者的其中一個主要條件是：「要堅持原則，敢於擔當，在涉及國家主權、安全和發展利益和香港長期繁榮穩定等重大原則問題上，必須要勇敢地站出來，站在最前列，進行堅決鬥爭。」

我相信在阿爺眼中，六四集會，特別是支聯會的「結束一黨專政」綱領，顯然涉及上述提到的「國家主權、安全、發展利益等重大問題」。誰想做特首，就必須在這些問題上「敢於擔當」了。

最近，警方以疫情為由，拒絕了支聯會申請在6月4日的集會和遊行。政府高官對於支聯會的綱領是否觸犯了《港區國安法》，諱莫如深，大都不願多說，見到記者追問就「走夾唔咻」。最敢講的，只有保安局局長李家超，他在27日被記者問到六四集會是否違反《港區國安法》，他回答：「我不在此討論某一些行為

會否違反某一條法律，但根據《國安法》內清晰說明，任何人如果組織、策劃、實施，用非法手段去破壞或者推翻在中國《憲法》之下所定的根本制度，屬於顛覆國家政權罪。每個人都要為自己的行為負責，如果涉及違法的行為，尤其是涉及《國安法》，我們會根據法律嚴肅處理。」李家超這番話，是港府官員對六四集會和支聯會綱領比較清晰的說法。

我經常說，現時大家議論特首，應先講條件，然後再去看人選。如果從「涉及國家主權、安全、發展問題上要敢於擔當」是當特首的重要條件的話，李家超就比很多連講也不敢講的官員，更適合當特首了。

過去選特首的時候，有關六四集會的問題都很難回答，因為這是兩難題，阿爺希望特首候選人說反對，但不少市民卻想候選人支持。一位在某次特首選舉中的核心助選人談起，他說特首候選人回答六四問題的時候都很頭痛，只好講些模稜兩可的答案，例如「明白香港人的感受」之類，含糊其辭便算了。

不過，今時今日已有重大變化，除了特首選委會的產生方式已經改變外，連法律也改變了，主要有兩個轉變。一、2018年中國修改了《憲法》，在《憲法》第一條第二款，新增了一句：「中國共產黨是領導中國特色社會主義的本質特徵。」把中共執政加入了憲法條文之內，即中共執政是一個不可改變的中國國家制

度；二、《港區國安法》在去年6月30日生效。那麼支聯會的「結束一黨專政」綱領，便跌入了《港區國安法》禁止的顛覆國家政權罪的範疇之內，原因是按中國《憲法》，共產黨執政是國家政權的核心制度。

這都是香港適用的法律，無論某些香港人喜不喜歡，無論特首候選人喜不喜歡，現實，都要接受。過去，香港的政客、官員都喜歡講一些他覺得市民「啱聽」的說話，不將政治現實講出來，不將法律講清楚，客觀上誤導了市民，誤導了年輕人，令他們覺得觸犯《國安法》沒有問題，即使犯了法，政府也不會執法。民主黨的陳樹英最近宣布退出支聯會，也說是因為擔心支聯會綱領違反了《國安法》，連陳樹英都夠膽講的問題，為甚麼特區政府官員卻不敢講呢？

現在有這麼多人爭着做特首，我認為要找一個能夠認認真真地按現行法律評論六四問題的特首，可能會比較好。

2021年05月29日

8.4

選特首要選「變革者」而不是「繼承者」

行政會議成員湯家驊提「devil（魔鬼）論」，想推銷現任特首林鄭連任。很多外國選舉研究都發現，在位政治領袖有較大機會連任。其實道理很簡單，政治領袖上台，一定想方設法討好選民，如直接派錢、刺激經濟等，提振民望，讓自己可以連任。運用政府龐大資源去大展拳腳，這叫做「在任優勢」。

但看香港情況，特首民望比較低落，在任優勢並不存在。我們評議特首人選，先理清自己思路。若現任特首做得很好，民望高，大家希望現任的政策能延續下去，我們就要找一個「繼承者」，是她本人也好，和她有相同信念者也罷，目的是能延續現有政策。反之，如我們對現狀很不滿，無論是政治、經濟或者社會民生，都希望未來有轉變的話，就應找一個變革者來做下任特首。這可分兩大方面來探討。

一、在政治問題上，未來的特首要敢於鬥爭。過去20多年，政治開放是一條主要思路，方方面面民主化，讓更多泛民加入建制，甚至鋪路讓他們可執政。這可說是一種懷柔路線，換一個名目也可叫「大和解」。但在阿爺眼中，這只是死路一條，24年

愈玩愈亂，你還叫我再開放多一點？

阿爺對港的決策是 Thinking out of the box（跳出現有思維框架），你叫我做了20多年的事，怎樣做都不成功。現在不如180度扭轉過來，嘗試做相反的事。你叫我開放，我就叫你鬥爭。

未來特首要帶領香港實踐新的政制，做政治上變革者，就要一改過去以完全開放為主導、事事向反對力量讓步的思維。誰敢保證過一兩年後，特別疫情過去後，街頭黑暴不重臨？未來的特首面對內外的黑惡勢力，要態度強硬，敢於鬥爭。想做下任特首者，有這種思想準備嗎？

二、社會經濟問題上，未來特首要敢於挑戰既得利益。高樓價、高租金，是困擾市民的最大民生問題。現屆政府的房屋政策「以置業為主導」，搞出一個覓地小組，諮詢一輪，但香港的土地房屋供應沒絲毫改變，還在惡化中。現有25萬個家庭輪候公屋，有少量居屋推出，動輒有過十萬人去申請。現時的房屋政策，那有解決到問題？

阿爺完善了政制，改變了選委會組成，但既得利益集團在本地，還是根深葉茂，來屆政府是否有膽量推根本性的改革，180度扭轉過去土地房屋供應困局？如找出額外增加20至30萬個單位的土地，在中短期內解決房屋問題。

垷屆政府的往績未能給人信心。對上一屆政府提在郊野公園邊陲地帶起樓建議，叫了房協做研究，到本屆政府上場，就透過覓地小組將「郊野公園的邊陲地帶起樓」的建議推翻了。聽說工程界的建制派議員盧偉國和政府官員開會時，也拍桌子罵政府為何輕易推翻這可以快速提供土地的建議。有時做建制議員也不容易，說到底政策由政府推動。現在的特首，可以打倒昨日的我、重新拿出開發郊野公園邊陲地帶起樓的建議，甚至敢在郊野公園起樓嗎？

我的評論對事不對人。大家要從現實出發，現屆政府的表現真的不怎麼好，所以選特首要選「變革者」，而不是「繼承者」。或許如今的在任特首，都可以搖身一變成為「變革者」，美國巨企英特爾（Intel）行政總裁格羅夫（Andrew Grove）就做過這樣的事，他從會議室推門出去，想着自己回來是英特爾新請的行政總裁，要做甚麼事情。他還把其體會寫成一本書，叫做《唯有偏執狂才能倖存》（*Only the Paranoid Survive*）。

現時的在任者，顯然有一個劣勢，她做不到的事，大家有目共睹，除非她能夠完全180度轉變，如 DQ 一個候選人時，說這是政府的決定，而不是說這是選舉主任的決定。又例如變革港台時，說這是政府的決定，而不是說這是廣播處長李百全的決定。

香港要有一個特首，理直氣壯，撥亂反正。

2021年05月05日

第二部　香港民生經濟篇

總論二：香港政治經濟學

分析本地的民生、經濟問題，不能脫離政治。政治決定社會資源分配，影響民生政策，也左右經濟政策走向，若套用馬克思主義的經典理論分析，經濟基礎決定上層建築，香港如此典型的資本主義社會，政治由資本家操控早已命定。雖然我不太同意經濟基礎決定論（Economic Determinism），但社會經濟結構對政治的影響，肯定相當重要。

若以傳統西方觀念分析，就會把一個地方的權力，分為國家（State）和社會（Society），在西方國家，國家權力小，社會權力大，這就是所謂「民主社會」；而社會主義國家則國家權力大，社會權力小，這就是所謂「專制社會」。但我認為，西方傳統用「國家」和「社會」的二分法已過時，不足以分析現代社會的政治經濟結構。我認為一定要加上第三方：資產階級（Bourgeois），形成國家、社會、資產階級三方角力，才可以分析現代政治。

資本家本來是社會的一部份，而現代的資本家跨國投資，生意偏布全球，加上政府不斷放水，資金泛濫，資本家的財富累積就愈來愈快，許多巨型公司，簡直可以用「富可敵國」形容。所

以若把資本家看作社會的一部份，就完全輕視了他們的影響力，因此要把資本家獨立出來看待。

套用這分析方法，看香港1997年回歸前的情況，可說是國家力量大，社會及資本家力量小，當時香港殖民地政府背後，就是殖民主英國的力量，本地既無民主，民眾政治參與度亦低，本地資本在140多年殖民統治大部份時間內，長期由英資壟斷，直至回歸前30年左右，華資勢力才迅速崛起，但華資資本家也不敢挑戰英國殖民地政府的權力。

80年代之後，只有英資怡和集團，曾向英廷投訴港督衛奕信（David Wilson），最後他被撤換的例子。但記着，膽敢挑戰政府權力的資本家，也只是英國的資本家，而不是本地華資。

1997年回歸後局面大變，按基本法「一國兩制」的設計，有「兩制」之上有「一國」，理論上回歸前英國掌握的權力，應移交給中國。然後繼續維持香港資本主義制度，但英國並未部署把政權和核心管治權交給中國。因此英國在香港回歸前大力引入選舉，設計各種形式的放權，最突出是組成各種類型的委員會，從房屋到廣播到教育等領域，都有委員會管理，這變相大大削弱政府的權力。

英國既無交權之心，中國也太君子，並無接權之欲。回歸之初，

當時的國家主席江澤民到港訪問，1989年「六四事件」後，中央曾擔憂香港變成反共基地，江澤民來港時也小心翼翼，但他想落區見見香港市民，臨時加插到訪馬鞍山新港城中心（商場）的環節，到達新港城中心後，市民忽然發現國家主席到訪，大力鼓掌歡迎，現場氣氛熱烈，市民爭睹江主席風采。聞說江澤民回京後，反問主管港澳事務官員說：「香港人看來很支持中央，很愛國，為甚麼說香港是反共基地？」江澤民更明令各部門，不得插手香港事務。

這就出現了重大的變化，回歸前香港的權力由英國主導，回歸後英國人放出權力，但中國並未接收，權力就旁落在社會和資本家之手。在社會方面，反對派勢力急速提升，資本家的政治權力更大大冒升，大力左右特區施政，從揀選特首到政府的房屋政策，都看到大資本家的身影。

香港回歸前雖然是自由經濟體系，但殖民地政府把房屋政策狠狠抓在手裏，大量興建公屋、居屋。1997年香港回歸前夕，香港樓價升至每方呎一萬元的時候，當年政府推出了逾三萬居屋單位，樓價愈升，政府推出的單位數目就愈多，以增加供應壓抑樓價。不要以為單是1997年居屋供應量多，97年之前的十年，居屋單位供應量平均每年21,000個。

居屋供應是一項重大指標，回歸後初期，供應尚算正常，到了

2003年沙士疫情爆發，樓價暴跌，特區政府大幅削減居屋供應，後來更放棄開發土地，令土地庫存大減，以圖樓價回升。2008年金融海嘯爆發，其後雖然經濟回升，但港府也沒有增加居屋供應，慢慢形成了現在一年只得數千居屋單位供應的惡劣局面。

香港經濟結構也逐漸向金融地產全面傾斜，實業流失。回歸前貨櫃碼頭、航運及物流業務還在世界前列。回歸後，隨着內地經濟崛起，這類業務大量轉移至內地城市。2008年金融海嘯後，以美國為首的環球央行大量放水，利率長期接近零，在政府不斷量化寬鬆政策下，環球資產價格暴升，香港樓價由於供應奇少，升幅就更大，地產行業一枝獨秀。但樓價急升，客觀上成為一種地產稅，買樓後供樓幾十年，客觀上是支付重稅給地產商和政府。

發展商固然肥得襪子都穿不下，特區政府也因土地收入暴漲而變得非常富有，於是出現派錢型的經濟，香港的經濟特色已成型：一、地產金融獨大，全面虛化；二、租金成本昂貴，造成百業艱難；三、新興產業凋零。由於最有錢的資本家，起樓賣樓賺錢太容易，沒有興趣投資新產業；而且樓價已吸啜去市民大量資金，亦挫傷了創新精神。無論家長還是學生，都把目光放在畢業後就可搵大錢的行業，例如大量狀元去學醫，因醫生起薪點月薪有五萬多元；也有很多人想考公務員，因公務員薪金高，主任職級起薪點三、四萬元月薪很普遍。

整個社會就在資本壟斷的環境下，只見 GDP 數字高企，但市民就感覺生活很差，西方所說的 1：99 問題，在香港就更嚴重。1% 擁有資本的人，吸啜了社會大量財富，這也形成市民不滿的溫床，容易受外來勢力煽動，大力反對政府。

經濟民生問題的根源與政治勢力消長有關，例如資本家勢力不受約束。而原來的政制，也將政治問題尖銳化，以過去的特首選舉委員會為例，1,200 名選舉委員中，反對派選委 300 多，資本家操控的 200 多，加起來接近 600，即接近半數。資本家變成關鍵少數，沒有他們的同意，即使阿爺推薦的候選人，也無法當選。阿爺明知香港的問題不單是政治上的反對派，也有資本家的操控，但要改也不容易。

因此，要正本清源，完善政制是唯一出路。在現時的新選舉制度下，1,500 人的選舉委員會中，資本家能操控的議席相信不足 300，即使加上反對派的議席，也不會超過 375 席，即 25% 的水平。未來的選委會已牢牢控制在阿爺手裏，阿爺可選出其心儀人選，推動香港改革。

香港的政治經濟學的基本平衡已經改變，在完善政制後，國家權力上升，社會及資本家力量下降，未來造就一個契機，可利用國家力量，推動經濟民生方面的改革，主要做兩方面的事情：一、房屋。大量增加供應，解決樓價租金高企的問題，雖然很

多人說很難，但仍有機會做到。二、發展經濟。這方面有兩個方向，第一是融入內地大灣區建設；第二是發展創新科技產業，這也需要政府帶頭推動。過去政府無論做甚麼，都會受到反對派以各種形式的阻礙，例如明處在立法會拉布，暗處就受到資本家的挑戰，令想增加土地房屋供應寸步難行。

完善政制後，所有事情都有新的可能性。

（1）

香港經濟發展何處去？

1.1

你估係香港叻，定係搭啱車？

香港反修例的暴力示威期間，中央上月（2019年8月）表態支持深圳建設「中國特色社會主義先行示範區」，令人相信中央要造大深圳，即使不是希望深圳與香港競爭，亦希望深圳有替代功能，萬一香港出事，也有內地城市可以發揮接近香港的作用。

最近，前重慶市市長黃奇帆在一個專題講座的影片曝光，黃奇帆說：「香港的地位不可取代，香港實行資本主義制度，是全球資本進入中國的重要跳板。香港的存在意義，不可以用 GDP 來衡量。」他又表示，中國再開放，也不會搞資本主義。香港是一個實施資本主義體系的經貿中心，香港與內地可以優勢互補。

黃奇帆這段講話，令部份香港精英好像打了雞血一樣，興奮莫名，說連內地的前高官都覺得香港不可取代。我四處收風之後，便發現黃奇帆這段講話與《環球時報》總編輯胡錫進早前來港講話的目的一樣，自從香港的暴力示威在內地廣傳，激發了內地14億人民的愛國情懷，也產生了一些對香港不滿的副作用。中央不想仇港的情緒蔓延，便派了堅定愛國的胡錫進來香港講些溫和的說話，他甚至盛讚國泰空姐的服務很好，主要想和緩

一下氣氛。其實黃奇帆的講話也有同樣作用，因為中央要澄清，找位高官在官媒上解釋一下就可以了，現在透過一名前官員發話，恐怕只是中央希望起一些中和作用而已。

「香港獨特論」在香港傳統精英群體中極為普遍，但真正的問題是：香港真的這樣重要嗎？實情是，你是否重要，不是主觀願望，而是你的交易對手對你的感覺。港交所企圖兼併倫交所的一幕，便說明了很多問題。

《人民日報》早前刊登了一篇題為《倫交所的拒信，香港該怎麼讀？》的評論文章。倫交所拒絕了港交所的兼併邀約，香港媒體並無詳細報道倫交所的拒絕信的內容。而《人民日報》則挖出這個殘忍的事實。倫交所在拒絕信中說：「我們認識到中國機遇的規模，非常重視我們在那裏的關係。然而，我們不認為港交所為我們提供了在亞洲最好的長期定位，或在中國最好的上市／交易平台。我們重視與上海證券交易所（上交所）的互利合作關係，這是我們首選的、直接的管道，可以獲得與中國的許多機會。」

倫交所這段回應，可以說是對港交所以至香港精英的當頭棒喝。香港人對香港的國際金融中心地位引以為傲，誠然，香港在金融中心的地位，相對於其他中心的地位，亦較為牢固，主要是因為人民幣還未全面國際化，而香港是一個資金可以自由流通

的國際金融市場，有一定的競爭優勢。

港交所向倫交所提出收購建議，或許港交所沒有這個動機，但若收購成功的客觀效果是證明香港這個金融中心，還可以「單飛」，即自行飛出國際，與倫交所這個世界一流的玩家強強聯合，挑戰世界最強的紐交所的地位。可惜港交所求婚失敗，而倫交所在拒婚信中更清楚地講明內地的上交所才是最好的結婚對象。這盤冷水應該可以淋醒香港人，無論我們如何吹噓香港的國際化，但事情卻是很多外國人到香港做生意，只不過是因為香港是進入中國的門戶，一旦脫離了這個定位，香港甚麼都不是，甚至不如新加坡。

香港精英主要是40至65歲，這代人的成長年代，是中國仍然很窮的時代。我當年也曾帶油、帶米、帶舊衣服返鄉下，接濟當時「無啖好食」的鄉親，這些經歷給我們的印象太深。時移世易，當中國這個窮親戚變成了世界第二大的經濟體，在很多領域裏面都是世界第一玩家的時候，香港的精英在心理上自然很難接受。

我經常問一個問題，究竟香港今天的成就，是因為香港人超級聰明能幹，還是香港坐上了正確的車？中國由1978年開始改革開放，香港因為特殊的地理位置，加上中國在開放初期的確想向香港學習，香港自此搭上了中國改革開放這部快車，一坐就

是40年， 食盡了這個風馳電掣向前發展大勢。香港人應該問問自己， 如果不是生在香港，而是生在一些經濟發展比較慢的亞洲國家， 例如菲律賓，會有像今天的成就嗎？

我們在甚麼地方、家庭出生，無得揀，但搭甚麼樣的車，卻可以選擇。最重要的是能夠搭上一列快車，我們便能夠跟車高速向前。一個城市同樣如此，香港面對的問題是，正在與中國這列高速列車脫鈎， 就像早幾日港鐵那幾個出軌的車廂一樣，橫七倒八，不能向前。 千萬不要以為我們好打得，離開了車頭牽引， 車廂還可以獨自進入國際軌道，自行創造奇蹟，現實上和車頭脫鈎， 只會停滯不前。

倫交所的回應信，就是對香港精英敲響的警鐘。

2019 年 09 月 20 日

1.2

香港要放低身段搶生意

內地自1978年改革開放後，至今近40年，香港食正這條大水喉，受惠內地改革開放經濟急速膨脹，但十九大後中國進一步深化改革政策，對香港的衝擊則逐漸顯現。

就如中國最近（2017年11月24日）公布大幅降低187種消費品關稅，其中特殊配方奶粉由20%降到零、尿片由7.5%降到零、化妝品及日常護理用品由10%減至5%、藥品由6%減至2%，香港社會對此關注不多、議論不大，甚至有反水貨客組織大表歡迎，並認為降得不夠，效果有限。有立法會議員亦估計事件影響有限，因內地客來港不只貪價錢平，並對港貨有信心云云。

任何事物都可以從正反兩方面去評論，但我們要抓着大方向。香港零售消費約有65%來自本地，35%來自遊客，以2017年9月份數字計，內地遊客佔整體遊客約77%，所以內地客的消費若減少，亦會直接影響到本地零售的一大塊。

當然你可以說，內地遊客來港進行各種類型消費和購物，買尿片、買奶粉只佔少數，這亦是事實，因此降關稅措施，首當其

衝的自是做水貨客生意的藥房，特別是上水藥房，因為它們八成生意來自水貨客，沒有了關稅優惠，相信很少人再在港走私尿片奶粉到內地，對上水藥房打擊最大。

然而，對香港零售業的衝擊，亦會較一般人想像的大，這涉及兩個問題。一是做生意講毛利率，開間舖做零售，在香港人工貴、租金貴的情況下，毛利率有營業額的一兩成已算不俗；但由於固定開支難減，故只要生意跌一兩成，就極可能由賺錢變蝕錢，所以不要以為生意跌少少無所謂，好多生意由賺轉蝕，都只因少了一、兩成生意額而已。

更大問題是這些衝擊相信只是剛開始，未來陸續有來。大陸的市場巨大，香港照計只食些餅碎生意，都可以食得飽。香港銷售有多餅碎，看看雀巢就知。它在內地奶粉市場佔17%，其售貨有95% 在內地製造，外地進口到內地只佔5%，降關稅對他們的影響輕微。嚴格來說，對雀巢來說，無論進口它的奶粉也好、在內地生產也好，它們都照賺，減關稅只是香港做少了零售生意而已。這數字亦反映，無論中國也好，外國品牌也好，它們只着重看內地市場，不會特別考慮要經香港做這些生意。

過去中央做出或影響香港的決定時，可能都會考慮香港的情緒，但由於近年香港反水貨客、甚至反大陸遊客的風氣濃烈，中央自亦少了考慮，因為你香港都不想要，又何須特別留給你？

香港的真正問題不是現在，而是未來。中國已訂出未來30年計劃，要發展成為現代化強國，所有環節都要大力改進，中國除大力發展本土市場，對外貿易亦是帶動經濟的主要領域。中國與美國正走着相反的路線，美國在總統特朗普帶領下，採取「美國優先」的保護主義，盡量不參加互免關稅的自由貿易協定。

中國則剛好相反，接替美國成為貿易自由化的一哥，積極推動各地區自由貿易協定。中國降低關稅甚至將部份產品關稅降到零，將可大力促進貿易，並可望換取外國同樣減免中國產品關稅，以互惠互利來促進中國的出口經濟。早前我已講過，中國正在規劃自由貿易港，將大陸某些地區劃為自貿港，相信這些地區會全面取消進出口關稅，甚至容許資金自由流通，借這些自貿港來爭取香港、新加坡、杜拜等自貿港的生意。

未來中國經濟進一步大力開放，香港既會進一步享受到中國經濟強大的好處，但亦都會遭受進一步競爭的衝擊，難免有一些生意會減少，就要找更多的生意來填補，香港要放低身段搶生意，才可維持增長。香港如不爛做搶客，前路會愈走愈窄。

2017年11月27日

1.3

揭大灣區規劃總體思路

2019年2月18日，國家公布粵港澳大灣區規劃綱要，厚厚的綱要涵蓋了眾多方面。香港人看不慣內地的文件，看到頭痛也不知道重點在哪。我們可能要避開規劃綱要的細節，集中了解中央搞粵港澳大灣區整體思路。

第一，戰略定位。內地講「一分規劃，九分落實」。中央不但重視規劃，還非常重視規劃如何落實，會定出具體指標和執行方法。以1978年鄧小平提出中國改革開放為例，便定出十年經濟翻一番、二十年翻兩番（即一變四）的目標，之後按這個目標定出落實的政策。今次大灣區的規劃也是定好明確的戰略定位，再加一個兩步走的規劃。

大灣區的戰略定位是「成為世界新興產業、先進製造業和現代服務業基地，建設世界級城市群」，新興、現代、先進，核心是要將整個大灣區發展成一個世界級創新產業中心。

中國經濟正面臨結構性轉型，未來要再上一個台階，就是要發展高增值的創新產業。粵港澳大灣區的定位是一個創科灣區，

目的是要成為中國經濟發展的「增長極」。所謂「增長極」，就是增長點的變奏，增長點是一點，而「增長極」則是整片的地區，目的是要以大灣區拉動中國經濟發展。

第二，兩步走目標。第一步是由現在到2022年，要令大灣區綜合實力顯著增強，城市群框架成型。搭建框架其中一個關鍵是要先搞好基建，例如「一小時生活圈」的目標（即區內所有地方在一小時之內可以到達），將進一步興建軌道交通網絡。深圳已搶在前頭，率先公布已起動31個基建項目。

第二步是到2035年，到時要「形成以創新為主要支撐的經濟體系，國際一流灣區全面建成」。關鍵是「國際一流」。這與40年前中國搞改革開放，深圳作為經濟特區，要借鑑香港的狀況，已經有本質上的不同。當年香港遠未達國際一流，但深圳非常落後，就對標香港來發展。而現在未來的標的主要不是香港，例如搞科技發展，是要針對美國矽谷及日本灣區等最先進的創科企業。如果中央這兩步走的目標可以達到，到2035，粵港澳大灣區將可以媲美美國矽谷或日本東京灣區的龐大新經濟體。

香港無論是建制派或者反對派，面對粵港澳大灣區的規劃，都有誤判。計劃一出，反對派就質疑香港是否「被規劃」，而特區政府亦忙於回應說香港參與了規劃，所以不是「被規劃」。所謂「被規劃」，其實是一個政治議題。反對派認為香港要自主發展，

不應該放在中央規劃裏面，否則就代表中央干預了香港。

然而，在內地官員眼中，這個質疑相當幼稚可笑，特別是廣東省灣區九個城市的官員，他們巴不得香港不在規劃之內。我們要接受一個現實，在大灣區的經濟發展規劃內，香港並不是處於不可或缺的核心地位，講難聽一點，中央不是要大灣區模仿香港，所以也沒有強迫香港貢獻大灣區的意圖。相反地，如果大灣區發展成功，這就是最後的一艘蘇州艇，香港不上船，就真的應了「蘇州過後無艇搭」這句俗諺了。

至於建制派，則停留像在40年前改革開放的思維，是想向中央拿政策。但既然香港地位不再那麼特殊，中央有多少特殊政策可以給香港呢？甚至以香港最強的金融業為例，雖然現時的定位是「香港發展成為大灣區高新技術產業融資中心」，但上海的創科板已經如箭在弦，如果未來上海創科板融資成本及便利性都比香港好的話，香港連這方面的優勢也將失去。

比較合理的思路是，在大灣區未來的發展中，香港的思考方向應該是和內地互利共贏。既然大灣區的發展目標是對準世界一流的水平，究竟香港如何可參與其中，如何令大灣區的發展走上到另一個新台階？

中央已經很難再給予香港優惠政策，香港亦不能再希望中央能

夠給予甚麼，而是應該要在大灣區這艘大船的航道中，迎頭趕上，尋找屬於香港的機遇。

2019 年 02 月 20 日

1.4

「香港獨特論」站不住腳

中央高規格宣示深圳要搞改革的「先行示範區」，我為此感到神傷，恐怕這是香港由盛轉衰的轉捩點。有朋友叫我不要多愁善感，杞人憂天，他們認為香港還會很好，深圳不能取代香港。

他們抱一種「香港獨特論」，認為香港是全世界最自由的經濟體，深具特色，蘊積豐厚，只要外人，包括阿爺不要搞香港，讓香港自行發展，香港便會很好。我近日一直問自己一個問題，香港是真的這樣獨特嗎？

香港能夠從一個小漁村，發展成今天的頂級國際大都會，歷史的緣起是英國人看中香港的港口水深港闊，希望利用香港位於中國南方的獨特地理位置，打開與中國通商的大門，就借鴉片戰爭，硬要中國割讓香港。

要拆解香港的成功因素，主要有三個方面。第一，是制度。香港是自由港，實行英國普通法制度，發生商業糾紛，都按國際規格處理。外地人來香港做生意，見到此地有其慣用的國際法律標準，的確會吸引他們來香港。但如今連番暴力示威，特別

是堵塞機場，已令外地人心寒。香港人自己不尊重法制，正在破壞香港的核心價值，恐怕將來外國公司研究是否在香港設立地區總部，也會考慮這些因素。

第二，是人。一個地方要發展成功，必定要匯聚各種的人力資源。香港在1949年中國解放的時候，先吸收了大批來自上海的工業家帶來的技術和資金。到七十年代，戰後的第一代年輕人開始長大，他們很多人在小時候生活貧困，一家八、九口住徙置區，捱夠了全屋人圍着一張小桌吃一碟菜送白飯的苦日子，能夠在工廠做個打工仔，賺那兩百元一個月的工資，已經覺得人生充滿希望。這就是香港的「搵食主義」迸發的年代。到了80至90年代，香港新生代大學生開始大量投入職場，更高端的服務業也開始發展起來。

當年抱着「搵食主義」的年輕人，只專注於賺錢，是香港發展的生力軍。但現代年輕人，聽到「搵食」兩個字，都覺得相當「老套」，他們要追求政治理想。但現實點看，追求政治理想的意識形態，並不太切合一個拚搏向上型的經濟體。香港現時也抗拒外地人才流入，特別反抗內地的人才。

第三，是資金。中國自1949年建國至2001年「入世」之前，還是一個相對封閉的經濟體。中國即使在革命風起雲湧的年代，仍然不願意收回香港，主要是因為毛澤東對香港抱有長期利用

的打算。說白了，就是明知中國封閉，要留香港作為一個窗口，讓資金和物資流入。2001年年中國「入世」之後，內地充滿活力的城市群大量崛起，北京、上海、廣州、深圳，以至沿海城市都發展得異常蓬勃。當時的內地人都想多與香港合作，從而學習香港的處事方式和吸納香港的資金，現時已經變得不再想與香港合作，怕香港分薄了他們的商業機會。

廣東省是其中的典型，在1997年亞洲金融風暴的時候，廣東省還想與香港合作搞港珠澳大橋，當時香港還很「高寶」，不想搞。但到了2003年香港爆發「沙士」，香港重拾這個建議，廣東省政府已不想再建這條大橋，最後要靠中央硬迫，才能成事。

2003年內地開放自由行，中國人當時剛富起來，都想往外走吸些自由空氣，富人在境外的大城市買樓居住，成為一時風尚；旅遊購物，買名牌也是每年幾次的指定活動。香港既深受其惠，也受其苦，因為這樣一個小小的地方，要承擔一年幾千萬的旅客，難免逼爆。再加上香港處理不當，港人在反抗內地遊客情緒當中，孕育了濃厚的反中思想。

經過這次的反《逃犯條例》風波，尤其是經歷了暴民在機場圍毆內地旅客和記者之後，內地人與香港人已經出現了一道鴻溝，內地人覺得香港人仇視他們，已不把香港當成自己人。

內地源源不絕對香港挹注資金的狀況，勢將改變。所有的幸福，都不是必然的。

在現今世界，水深港闊的地理環境，已不再重要。香港的搵食一代已成過去，追求政治理想的一代冒起，再加上內地人與香港人的鴻溝漸現，內地流入香港的人才和資金都會減少，香港的優勢正大幅衰退。香港這樣龐大的經濟體，要每年維持 2% 以上的增長，需要有大量新增資源投入和大量新的商業機會湧現，才能達標。單是生意不增，香港已經很痛，如果生意還要減少，而且是持續地減少的話，我看不到香港所謂的獨特性，會有多真實。

在這場風暴當中，參與的群眾固然風起雲湧，而精英階層袖手旁觀，也是一個致命因素。而袖手旁觀的背後，就是覺得香港很獨特的心態所造成。再加上精英都十分富有，忍痛能力很高，香港的覺醒期，會非常漫長，要等到港人發覺香港並沒有那麼獨特，可能要到一、二十年之後，不過到覺醒的時候，應該已經太遲了。

2019 年 08 月 20 日

1.5

深圳有人才房，香港有甚麼？

2018年6月13日，特首林鄭月娥在立法會上說會親自研究居屋的定價。由於樓價急升，現時以市價七折作為居屋定價，呎價已經破萬，與私樓一樣貴得驚人，政府的確有需要調低居屋相對於私樓的價錢比例。

不過，上期居屋推出時有超過十萬個申請，但一年只有幾千個居屋單位供應，即使調低了售價，也只是中籤的幾千名市民受惠，無助解決市民居住問題。

我曾到大灣區走了一轉，發覺內地城市房屋規劃比香港好很多。北京上海廣州深圳這些大城市樓價高企，以深圳旺區為例，每平方米要十萬元人民幣，等如呎價接近一萬元。據深圳官員表示，深圳居民月入大約一萬元，負擔不起這樣高昂樓價，所以政府要大力提供津貼住房，以保障民生和滿足經濟發展需求。

現時深圳的津貼住房有三類，包括近似香港的公屋的「公共租賃房」、近似香港居屋的「安居型住房」，以及香港沒有的「人才房」，主要是為吸納外來人才及挽留本地無樓的人才而設，住房

面積以 900 呎左右及以下為主，可租可售，以租為主，受惠者如企業經營管理、專業技術、高技能、社會工作等方面人才，以及公務員、教師、醫生等機關事業單位職工。900 呎樓，廉租平賣，香港人真是睇見都流口水。

綜觀深圳政府 2018 年的規劃數字，預計上列三種津貼住房單位將新增約 11.4 萬個，而商品房（即我們所謂的私樓）會增加 5 萬個。新增的三類津貼住房數量與去年（2017 年）相若，而商品房則較去年減少了 3 萬套。去年大量增加商品房供應，相信是用來平抑樓價，由於樓價已穩定下來，所以今年就減少。

深圳 2018 年新增公私樓單位共有 16.4 萬個，而深圳人口大約 1,250 萬，新增房屋供應等於人口的 1.3%。至於香港，同年新增單位大約 4.6 萬個，香港人口 740 萬，新增房屋供應只是人口的 0.6%。深圳的人均房屋供應超過香港一倍，去年更超過香港一倍半。撇開深圳更嚴厲的壓抑樓價措施不談，單從供應面而言，已經解釋了為甚麼深圳政府可以控制着房價不再上升，而香港樓價卻瘋狂向上。

我與深圳官員談起樓市問題，發現他們對於房屋供應的目標很清晰，第一是控制房價，不讓樓價急升；第二是要保障性住房能夠滿足到當地中低收入人士需求；第三是人才房可保留或吸納人才。深圳官員表示，歡迎香港的高端人才到深圳工作和創

業，如果是香港的知名教授申請，更加沒有問題。

內地的人口不斷湧向上廣深這些沿海一線大城市，很多中小型城市不但出現人才荒，甚至有人口荒，出現人口流失問題，造成全國都在搶人口、搶人才。深圳是以科技城市聞名，對人才有高度吸引力，但樓價比較貴是深圳的弱項，深圳政府就特別搞出「人才房」這些方式去吸引人才，減低他們居住深圳的成本。

反觀香港，經常說搞創新、搞高科技，但香港居住問題如此嚴峻，不要說滿足外來人才，連本地人的需求也解決不了。我看過一條外國人拍的短片，講述一名外國年輕人來香港創業，他居住的地方竟然是一間100方呎的劏房，租金也要1,000美元。鏡頭所見那個上進的老外，穿越晾滿底衫褲的舊樓走廊，真夠香港特色了。香港樓價之貴，已經舉世聞名，不但令到本地人叫苦連天，也大大窒礙了人才的流入，阻礙了香港的經濟發展。

2018年06月14日

1.6

香港政治經濟學

香港爆發激烈的反政府示威，經常有人問起，究竟這場亂局的根源是甚麼？很多年紀稍長的人都反對暴力抗爭，認為現在社會富裕，年輕人沒有生活壓力，所以不怕抗爭，不像上一代年輕的時候，為了生計，理不上政治。而年輕人則覺得年長者不了解他們，青年對生活有眾多不滿，但政府卻改變不了，上街示威又有甚麼問題呢？

講到深層的政治分析，讓我想起馬克思，雖然從馬克思主義衍生出俄國的「十月革命」，衍生出史太林主義（Stalinism） 計劃經濟 （Planned Economy） 模式，歷史的發展已證明是過時制度，甚至馬克思對歷史發展的命定論（Historical Determinism），亦被認為相當僵化。但馬克思在百多年前對資本主義社會的分析，我覺得仍然很有參考價值。

要用幾句說話概括馬克思主義（Marxism），就是經濟基礎決定了政治等上層建築，資本主義的生產關係決定資源分配的不公，資產階級（Bourgeois）嚴重剝削無產階級 （Proletariat），透過政治、社會、法律、文化等上層建築維持自己的階級地位，並

出現周期性的經濟危機，當生產關係再也無法適應生產力的發展，最後必然導致無產階級革命反抗。這個分析，點出了激烈的政治矛盾有其深刻的經濟根源。

我們看看香港回歸以來，特別是在2008年金融海嘯以後的11年，香港究竟發生了甚麼事情。香港作為全世界最自由的資本主義經濟體之一，並非浪得虛名，政府對市場干預極少，意味着所有資本主義社會的病徵，都會在香港以最尖銳的方式呈現。

2008年，以美國為首的西方世界爆發金融海嘯。貪婪的華爾街銀行家，把一些垃圾級的次級按揭證券混合了AAA級優質債券，包裝成AAA級的投資證券，賣給全球各地的投資者，最終美國樓市泡沫爆煲，次按債券出事，觸發金融海嘯。美國回應的方法是把利息減到接近零之後，還推出所謂的量化寬鬆，簡言之，就是央行大量印鈔，瘋狂地膨脹貨幣基礎，買回市面上的債券，硬生生地把經濟托上去，客觀效果是令到全球的樓價飛漲。有資產、敢於投機的人賺大錢；沒有資產的人就受到嚴重傷害，尤其是那些剛投身社會的年輕人。

以香港為例，政府統計數字顯示，20至24歲的大專生大學生月入中位數在1997年為11,000元，2004年沙士之後跌至7,500元，到2016年才回升至11,800元，即是在20年間，大專學生的月入中位數，差不多是原地踏步。內地推自由行救港，被大財團吃

了，利益沒有外溢。大學生收入沒有增加，但物價卻不斷上漲，大學生相對貧窮了。

如果講到樓價，就更加慘烈，1995年大學生的月入中位數12,140元，太古城建築呎價5,000元，一個月收入可以買到2.4平方呎太古城樓；到2015年，大學生月入中位數跌至約10,900元，而太古城呎價已去到1.3萬元，一個每月的收入只可以買到0.8平方呎的太古城樓，以買樓能力而言，大學生的購買力跌至20年前的三分之一。

我有朋友的子女，兩夫婦大學畢業幾年之後，家庭月入四萬元，但結婚之後，買不起樓，兩人只能各自住在父母的家裏。香港的大學生雖然不是絕對貧窮，卻處於一個相對貧窮的環境當中，生活比20年前更差，這成為了社會不滿的泉源、反對政府的土壤，令到暴力抗爭的理念很易傳播。

整件事的緣起，可以說是金融海嘯導致全球放水，所激發出來的極端經濟氣候，而香港這個完全開放的資本主義社會，受到的衝擊最大，再加上土地供應緊缺，由財團壟斷的社會經濟制度根深柢固，矛盾更形突顯。政府如果不檢視根本的問題，提出解決的辦法，隨着全球量化寬鬆、放水計劃繼續推行，社會的不滿就會像地底的岩漿一樣，一有機會就會爆發出來，最後恐怕會一發不可收拾。

2019年07月19日

②

香港政策的象牙塔

2.1

搶人嘢食領悟到的決策理論

2019 年 1 月 20 日，中環灣仔繞道通車，駕駛者暫未適應，有點混亂，中環亦相當擠塞。猶記得當天是星期天，特首林鄭月娥說繞道開通，會讓人更覺三隧分流的好處。誰知星期一上班日就出現大塞車，很多議員都說，把中環灣仔繞道和「紅隧、東隧加價，西隧減價」的三隧分流無約束力協議放在同一星期，更叫人難以支持三隧分流，這是和政府預想相反的結果。

政府作公共決策的時候，會遇到有很多預計不到的情況，或者我稱之為決策盲點，三隧分流就是一個很好的例子。政府推銷三隧分流方案的時候，沒有提過受益者和受損者的分析。倒是一些支持分流方案的反對派，對上述的問題講得比較透徹，相信他們早前已與政府溝通過。有點諷刺的是，有些建制派議員反對這個方案，有些反對派議員卻支持方案，反對派認為九成乘坐公共交通工具的市民因為紅隧及東隧加價，汽車分流，減少擠塞，令到他們受益。而私家車車主只有一成，他們並不重視。他們認為加價可以減少使用私家車，對環保有利。

雖然運輸的公共政策，都有向公共交通工具傾斜的需要，因為

公共交通工具搭載的人數多，使用效率高，但出自反對派的口，便有點仇富的味道，暗示私家車車主相對地不應受到重視。如果上述反對派的分析間接反映政府的看法的話，這種決策思維應用到三隧分流上，主要有兩大盲點。

第一，是沒有考慮到新界西坐巴士經西隧上班的市民的反感。決策者只簡單地假設三隧分流，可以減少擠塞，所有乘坐公共交通工具的市民都會受益，還說一年可以節省20多億元的社會成本。但現實上有部份住在新界西的市民，選乘經西隧的巴士，車資可能貴一些，貪其沒有那麼擠塞，每天可以多睡15分鐘。三隧分流，這些市民擔心西隧會變得擠塞，令他們失去多睡15分鐘的機會，即使相關的巴士願意略減車資，恐怕這些市民也不願接受。三隧分流令到西隧的使用者變成受損者，這是政府始料不及的。

第二，是痛感遠比獲益感強。政府假設乘搭公共交通工具的市民可以因為減少擠塞而獲益，漠視使用東隧和紅隧車主因為大幅加價而受損，反映政府對痛感的了解太少。

我讀中學的時候對這方面已有些體會。當時一班同學外出吃飯，每次一定會有部份同學叫的飯先到，大家都有一個惡習，就是見到先到的飯，都會搶夾上面的餸，我被人搶餸的時候，感覺相當不快。當時已覺得這是一個不對等的過程。到別人的飯到

來的時候，我也可以搶食別人的餸，但當時的感覺是損失的痛楚遠大過獲得的快感。因此若思慮不周，看不到政策當中的盲點，便會出現缺陷。而三隧分流的最大缺陷，是三條隧道總體而言已經飽和，即使把流量撥來撥去，也是無補於事。再加上政府看不到痛感的強烈程度，自然就出事了。

2019年01月31日

2.2

全民稅好難頂

政府委託周永新教授做的全民退休保障研究報告最近（2014年8月20日）揭盅，建議成立全民老年金，年屆65歲不論資產每月可領3,000元，由政府、僱主、僱員三方供款，等如要僱主與僱員每月多繳1%至2.5%月薪的供款，變相將80萬個原本不用交稅的低下階層，踢入稅網。

在日漸開放的政制之下，全民退休保障及全民公積金這些概念，當口號叫起來有很大市場，話大家年老時有政府包底，聽來動聽，所有玩直選的政黨或工會，都爭先恐後提出。但全民退保要實行起來，並非講起來那麼容易。例如周教授小組提出的方案，估計在12年後，即2026年，已經有結構性赤字，至2045年，基金便會「乾塘」。其實不止周教授的建議如此，其餘六個退保方案，都會在實行1至15年內有結構性赤字。

這個31年後便註定爆煲的方案，關鍵就在「全民」兩個字上。既然是全民，不問貧富，不理個人資產，只要年齡符合，便可以享受這個福利。香港人口700多萬，假設當中有兩成是低收入人士，八成人相對富足，一旦講到是「全民」的話，那八成原來毌

須社會供養的人士，也可以月月取錢，成為社會的財政負擔。

福利概念由扶助貧弱，變成全民皆享，是巨大的變化。20年前，我母親到達可領生果金的年齡，她表示自己不缺錢，堅持不去領生果金。那些年市民對領福利的心態是克制和自律，如今是「唔攞就笨」，社會心態已有天翻地覆變化。政客更不問公共財政承擔力，不斷叫政府加派。

但香港沒有會生錢的樹，全民退保入不敷支，不外乎兩個方法填數：加稅或者政府發債。現時所有推行全民退保的國家，絕大部份已經尾大不掉，無法埋單，結果要加稅及發債雙線並行，還是不夠的話，唯有將退休年齡往後延。法國政府由於沒法支付退休金，要民眾做多兩年才退休，法國人的退休年齡亦由65歲延後至67歲，引起社會極大不滿。政府繼續沒錢，只好將人民的退休年齡不斷延後，將來可能要做到七、八十歲，都退不了休，事情認真荒謬。

至目前為止，究竟政府對於推行全民退休保障的態度，有多認真？有政府高層私底下說，這是泛民及工會大力提出，而特首梁振英在選舉時也承諾會研究，所以現時只是在履行競選承諾而已。再者，政府目前正提供了各種老人福利，例如生果金、老人生活津貼、醫療券等等，想看看可否提供綜合退休金以取代現時比較零散的老人福利。政府表露出來的態度，似乎並不

是非推不可。

福利政策一旦開了頭，就沒有回頭路，現在打工仔和商界都不想加稅，亦無工會和政黨能提出財政上可行的全民退保方案，但議員卻要求政府先同意全民退保概念才去研究方案，這又是甚麼邏輯呢？

2014年08月22日

2.3

全民收錢，赤的疑惑

財政司司長陳茂波公布2020 / 21年度《財政預算案》，最大賣
點是向明年三月底前滿18歲永久性居民派一萬元，涉711億元，
小市民大聲叫好，政黨很難反對。而同樣惹人關注的是，政府
大開水喉，令到來年赤字升上1,390億元。

預算案派錢措施，主要有幾個考慮。第一，全民派錢，省時省力。
陳茂波在2018年預算案曾有限度地向18歲以上、沒受惠於預算
案市民派發4,000元，由於限制條件多多，政府經重重審核，結
果搞了一年多才派錢，坊間怨聲載道，很多市民批評「派錢都派
得衰過人」。當時決策思維是一種純理性考慮，認為有些人已因
預算案其他派糖措施受惠，沒理由重複派錢給他們，所以左篩
右篩，篩出那些完全未受惠的人群，選擇性向他們派錢。問題
是要向以百萬計市民派錢，加上眾多條件，一年多之後能夠派
到，已屬萬幸。這是典型「思維潔淨、做事遲緩」政府行為模式。
今次劃一向18歲以上市民派發，較省時省力，因為入境處已有
合資格市民資料庫，只待政府和銀行電腦系統對接，7月初接受
申請，最快暑假時可發放出來。

第二，逆周期措施。聽財爺表述，派錢不純粹是讓市民開心，而是一個在經濟下滑中的逆周期措施。希望疫情過去後，市民運用手上的錢，在本地消費，令雪崩式的零售消費受刺激而反彈。政府當然沒有辦法硬性規定市民一定在本地消費，有人會出外旅遊，有人會把錢存下來，但只要政府有心推動，疫情過後，暑假之時，是有機會谷起本地消費，阻截經濟無底下滑的趨勢。

我記得2003年沙士爆發那一年，時任財政司司長的梁錦松，因害怕赤字擴大，港元被追擊，在預算案建議公務員減薪4.8%，那情景歷歷在目。因為就在梁錦松公布預算案前一天，我去了他的辦公室採訪他。事前得知公務員會減薪消息，我感到很錯愕，問他為甚麼減薪4.8%，他說《基本法》內列明回歸後公務員待遇和服務條件將維持不變，他怕會受司法覆核挑戰政府減薪是改變公務員待遇，所以就減4.8%，這是回歸以來公務員累積的加薪幅度。我覺得這個情況很糟糕，會激起公務員的強烈反彈，因為公務員工資加減，主要參考私人機構員工的薪酬趨勢調查，不是政府憑空決定。再者，當時香港經濟正在急速下滑，公務員是香港政府最大僱員群體，對他們大幅減薪，會令本地消費有進一步收縮效應。那次公務員減薪，亦令公務員成為2003年7月1日大遊行的主力。

經濟學有一套理論，是在經濟差的時候，政府推逆周期措施，就算有財赤，還是要花錢撐起經濟，而不是在經濟差時收水。

第三，赤的疑惑。今次全民派錢動用711億元，再加其他寬減，合共用1,210億，令下年度赤字高達1,391億元，等於本地 GDP 的 4.8%，超越了一般西方國家財赤要控制在 GDP 的 3% 或以下的要求。

回看香港回歸之後的歷史，2003年及2004年，香港經濟快速衰退，令財政收入減少，這兩年財赤都去到 GDP 的 4.8%。這又回歸到上面所討論過的，如果加大財赤可以一定程度上刺激經濟，減緩經濟下滑的速度，會有減少往後財赤作用。假若不願花錢，或者花錢花得不到位，經濟衰退將更嚴重，財赤只會愈來愈大。

其實，財赤關鍵不是一次性的派錢開支，而是政府正在年年急增的經常性開支。過去5年，教育等三大開支項目累計支出增加 50%，上年度（2019 ／ 20）政府經常支出增加22.2%，來年度（2021 ／ 22）經常支出增加16.9%。到政府真是無錢時，可以不派錢，但經常開支很難減下來。結論是在如此悲慘環境下，財爺對全民派錢是必要之惡，但如何長遠控制經常性開支，是整個政府要面對的問題。

2020 年 02 月 27 日

2.4

問題是巨額經常性開支

香港有很多人爭着做特首，爭到打崩頭。其實，看着香港的政治殘局，真不明白為甚麼還有這麼多人想做特首。相信在5至10年之後，香港很快進入一個「巧婦難為無米炊」的局面，無論特首或者高官都相當難做。

反修例引發的暴亂拖了半年以上，政府昨日（2020年1月14日）推出止血措施，提出十招，又派100億元，希望可以平息民怨。財政司司長陳茂波將於2月底公布財政預算案，而特首林鄭搶先在1月中出招，交功課挽救民望的動機相當明顯。

簡單總結政府的十招措施，花費最多的是每年增加50億元，把普通的高齡津貼和高額的長者生活津貼合二為一，每月派3,585元；另外，又把兩元長者乘車優惠，由65歲或以上下調至60歲或以上。其次，政府又會為月入 $7,100 元以下的人士代供5%的強積金，提供失業或就業不足的津貼等等。

暴動未止，經濟急滑，裁員減薪的浪潮湧到，政府出招紓解民困，本屬無可厚非。但是，最大的問題是其中大部份招數涉及

經常性開支；換言之，這不是一次性的開支，而是往後每年都要繼續支付。早前財爺陳茂波已經預告，截至2020年3月的財政年度，賣地收入減少，但政府服務開支不能減少，財政年度的赤字可能高達800億元。他強調赤字並未超過本地GDP的3%，在國際上赤字佔GDP的2%至3%屬於可接受程度。然而，香港的巨額赤字會否變成結構性赤字，的確惹人關注。

在特首林鄭上任之初，便提出每年增加50億元的教育經常性開支，以討好教育界的反對派人士。我當時已提出，在財政狀況良好的時候，政府大量增加經常性開支沒問題，但到財政狀況差的時候，便想收也收不回來了。其後聽到有中學校長的反映，話政府派的教育經常性撥款，多到學校用不完，學校如何花掉這些錢，成為校長頗為頭痛的工作。當時已經覺得香港出現了一種「使大了」的政治富貴病。

如今社會怨氣沖天，經濟環境惡劣，政府搞紓解民困措施，有兩個形式：一次性的和經常性的，例如政府每人派5,000元，開支雖然高達370億元，但只是一次過，將來政府沒有錢，便可以不派。但今次政府卻決定用大量經常性開支來援助市民，勞工及福利局局長羅致光說，這些政策不是小修小補，而是「大修補」。說是「大修補」我絕對同意，但政府要進行大修補，動用巨額經常性開支，竟然一拍腦袋便推行，的確令人訝異。

香港未來會面對嚴重的人口老化問題，造成的影響是政府要扶養的人口大幅增加，但納稅的人口卻快速減少，再者，港人的壽命愈來愈長，目前保險公司對港人的壽命的假設，已經延長到100歲。即在55歲退休，還要生活多45年，一些人的儲蓄不足，便完全依靠政府支援，再加上龐大的醫療開支，未來香港的財政包袱，真的大到「無眼睇」。

單以交通津貼為例，在2016／17年度，政府補貼65歲以上長者兩元乘車，計劃補貼11億元，每日有98萬人次受惠，如今要把受惠年齡降低到60歲，估計十年後60歲以上長者佔人口超過三成（如今兩成多一點），以此比例計即使交通費不加，十年後政府每年也要補24億元，計及加費因素每年要補30億元以上，只計一條數，都好得人驚。

更嚴峻的是，政府的收入結構，非常依賴賣地收入。現在市區新樓樓價兩萬多元一呎所帶來的賣地收入，是否可以持續呢？香港成本貴、生意差，長遠而言，資產價格出現調整，似乎無可避免，政府收入也會隨之下滑。收入減少，開支增加，缺口將不斷放大，政府將來不知道如何填補這個結構性赤字。

我也贊成政府派點錢去紓緩市民的痛感，但這樣巨額地增加經常性開支，不應該如此武斷地推行。

2020年01月16日

3

土地房屋的困境與出路

3.1

李光耀：有屋便安定

新加坡國父李光耀一去，叫人對他帶領新加坡走向成功的政績，感到懷念。香港很少人會羨慕新加坡的「票選民主」，因為在執政人民行動黨一黨獨大之下，新加坡民主徒具其形，但論到新加坡政府的政策，至少在目前的狀況而言，有不少都比香港優勝。香港回歸以來，特別在房屋及教育兩大政策範疇上，都搞得比較失敗，可以看看新加坡有何可茲借鑒的地方。

在上世紀50年代，李光耀於1959年上台執政的時候，新加坡正面對嚴峻的房屋問題。李光耀回憶錄內提到的一幕幕情景，令人印象殊深。他去到很多選區參觀，當地的衛生環境極差，貧民窟隨處可見。李光耀很早便明白只要搞好住屋問題，人民便不會出來搞事，因為害怕政治混亂，會傷害到他們的財產，人民和國家結成了命運共同體，所以李光耀一直很用心地規劃房屋政策。

香港搞公共房屋，比新加坡早，1953年石硤尾木屋區大火後，港英政府在原址建石硤尾徙置區安置災民，就是香港第一個公共屋邨。李光耀說他看到香港發展公屋的經驗，從香港取經，

才開始規劃他的房屋政策。李光耀1959年上台後，在1960年便馬上成立建屋發展局，很快便將方向指向發展「組屋」。「組屋」的概念其實有點像香港的居屋，不是出租而是出售的公共房屋，由政府開發，然後以低價售予市民。不過，新加坡的「組屋」與香港的居屋有一個很大的分別，香港居屋以市價七成出售，但組屋卻是參照當時市民的入息來決定，並不與市場價格掛鈎。

新加坡在這50年不間斷地大量開發「組屋」，新加坡建屋發展局共興建了90萬個「組屋」單位。如今，新加坡有80%的人住在組屋，95%的人擁有組屋，為全世界唯一一個接近有100%人民擁屋率的國家。我在2011年到過新加坡達士嶺參觀「組屋」的示範屋苑，其建設水平可以媲美香港的私人屋苑，有龐大的空中花園，可供住客休憩運動，屋苑外觀也與私人住宅沒有分別。實用面積1,100呎的單位，售價65萬坡元（370萬港幣）。對香港人而言，新加坡可以算是買屋的天堂。

回看香港的情況，雖然說是公屋居屋並行，但在回歸以前，政府發展居屋，也一點也不手軟。由1986至1997年的12個財政年度，香港政府推出的居屋單位合共20.3萬個，平均每年出售1.7萬個單位。在樓價急升的年份，例如1997年，出售的單位達到3.1萬個。相比今天，居屋供應一年卻只有二、三千個！即使按長遠房屋策略，政府會增加居屋的建設，但在未來10年，每年平均也只有9,000個單位，其實遠未及得上1986至1997年的每

年平均1.7萬個。香港在回歸以後，發展公屋居屋的步伐大落後。兩地房屋的差距愈拉愈遠。

很多人批評新加坡沒有民主，說李光耀家天下。但由於長期統治，亦令李光耀可以制訂長遠規劃，一直堅持大力興建「組屋」，就是一例。香港回歸之前的專制港英政府，亦由於長期統治，在房屋政策上，連貫性強，也長期大量供應公屋居屋，以此來平抑樓價。1997年以前，香港長期由英國人統治，香港人沒有直接執政的經驗。到回歸以後要港人治港，政策變得左搖右擺。到今天，大家都要付出沉重的代價。無屋，何來政治安定？

2015年03月24日

3.2

未到大跌時

政治吵吵嚷嚷，關心的人不太多，但關乎樓市消息，卻人人關注。樓市大戶湯文亮近日發表「偉論」，話由於現時有些物業做到三按四按，預言細價樓將於三個月內爆煲。最近出現很多「居屋王、公屋王」，屢創歷史新高價，公屋呎價也賣到萬三、四元，樓價狂升，湯文亮這樣刺激的言論，自然吸引大眾眼球。

不過，在過去幾年，已經試了很多次，樓市似跌未跌，政府推出一些打壓招數，樓價略略回一回，過一陣子，又再往上創新高，形成反覆向上形態。影響樓市的，有環球性及地區性原因。環球性原因是全球的低息環境，令到資產價格上漲。地區性原因是本地市場供不應求的情況嚴重，所以令本地樓價特貴。

最近，我去澳門走了一轉，當地人話樓價已比高位時回落了一至兩成。他們指，去年（2014年）澳門特首提出要當地博彩企業把他們聘請的外勞，從澳門搬回內地居住，博企每天用大巴士接載他們上落班。很多博企照這個方法做，令到原來用作內地員工宿舍的澳門舊樓的售價應聲下跌。

不過，澳門人仍然抱怨，說此前樓價以倍計上升，現在回落兩成，仍然很高，很多人依然負擔不了。未有樓的市民，惟有等待可能在2019年在新城 A 區填海區大量興建的公屋及居屋，澳門政府聲稱將有約200多萬個單位會在2019年開始陸續落成，以人口大約50萬的澳門而言，未來住宅量也算相當大了。澳門市民見到樓價將會回落，現時已經不願意入市搶購。

「不願意入市搶購」這句話給我的印象特別深刻。當樓價回落的時候，很多人都不會入市搶購。樓宇與其他投資產品一樣，跌價時沒有人想買，只想沽。但樓價上升的時候，卻人人搶着去買，樓價愈升，搶購的心愈烈，大家總想着，現在不買，以後將沒有機會買了。

我年輕時其實也有這種想法，記得在90年代，工作比較順利，除了自住樓外，還累積了一定的資金，當時在沙田區看了一個樓盤，面積1,100呎，樓價500萬元，以當時計，其實頗貴。我當時便覺得500 萬元雖然很貴，但如果不買的話，可能今世都買不到1,100呎的單位，因為當時覺得樓價將會不斷上升。固然，當時是挨近1997年，樓價大升特升，這個單位隨後真是升到700萬元。但其後樓市大跌，幾年以後，這個單位一度跌到只有200 多萬元。

我今天講這個故事，只是想說明，在樓市旺的時候，你會有永

遠買不到的感覺。我們正正處於這個時候，但與此同時，**樓價貴**，並不等如馬上到大跌的時候。樓價升開有條路，跌也有條路。上升的時候是會反覆向上，但升到一定程度，便出現消耗性上升，以現時環球資金這樣寬鬆的環境底下，各國央行都在放水，消耗性上升的時間料不會太短，可能長達以年計。

那麼，有甚麼因素會令樓價回落，甚至大跌呢？像澳門政府使出上述的招數，令樓市出現一定程度的調整，但調整不等於大跌。我認為能夠令樓市大跌，還是一些環球性的因素使然，例如加息。不過，除非加息的速度幅度加得很快很大，否則樓價在開始的時候，也不會出現大跌。

實情是，當息口上升到某個程度，再加上某些因素，股市會先行大跌，例如美股連續幾日，跌兩、三成，出現股災，就將會像刺針一樣，將樓市泡沫刺破。然而，全球正處於「水浸」的狀況，股市也不是那麼容易爆破。

雖然現時人人都說樓價很貴，但也不是這麼簡單地靠財爺出幾招，推出些壓抑樓市措施，便能夠造成刺針，馬上將樓市泡沫刺破。

2015年02月12日

3.3

高樓價「重稅」誰之苦

2017年政府委託房協研究兩幅郊野公園土地，是否可以建屋，再度掀起爭議。一直反對土地發展的立法會議員朱凱廸認為，政府此舉是繞過立法會，他也認為不應該使用郊野公園用地建屋，而應該用徵收資產增值稅的方式去控制高樓價。

政府對應樓價飆升，不外乎兩個大方向。一個是從供給方面着手，即增加土地和房屋供應；另一個是從需求方面着手，透過徵收重稅去壓抑需求。過去幾年，政府雙管齊下，但由於覓地困難，加稅容易，政府出招集中於加稅為主，辣招便接連推出。由外地人買樓要支付 15% 的額外印花稅，到三年內短期賣出要付重稅，到大幅增加首置以外的基本印花稅至 15%。辣招林林總總，但樓價繼續上升。

我們不能夠否認樓價持續上升是有環球性因素，主要是歐、美、日各國央行大力印鈔放水，令到市場資金大增。例如在金融海嘯之前，美國聯儲局資產負債表只有 8,500 億美元，到現時已大增至 4.5 萬億美元，激增了超過四倍！聯儲局資產負債表增加，等於放入市場的貨幣增多，其他的各國央行都是這樣做，印鈔

數量以倍數上升。在各個資產類別當中，房產供應彈性不高，價格漲幅尤烈。這是包括香港和世界各地樓市大漲的主要原因。

時至今日，政府加稅去壓抑需求的方法已經用到荼蘼。再要政府增加資產增值稅，可以產生壓抑樓價的功效相當有限。現時的樓市由於短期買賣的徵稅太厲害，在半年內炒賣樓宇，印花稅加上特別印花稅就要30%，如果是外地人買的話，要再加15%，即45%，早已令到樓市的投機炒賣絕跡。不斷推升樓價，特別是令到細單位價格飆升的，主要是實際使用的需求，完全不受增值稅影響。

香港公共政策的討論，愈來愈劣質化。每個政策領域，都有人大力反對。表面上他們反對某個政策的同時，會提出另一些替代建議。但那些替代方案並不可行，只是把反對的聲音包裝得看似理性一點而已。

我相信無論是梁振英政府也好，林鄭月娥政府也好，都不是一些發展狂，不會無緣無故要把美好的郊野公園用地興建公營房屋，去滿足個人的私慾。他們研究這種方法只因在香港覓地建樓實在太難，而郊野公園用地上面，沒有私人物業，不用收地，改變用途便能即時運用，所以才打郊野公園用地的主意。

樓價地價急升，利益會走去兩個方面，一個是政府的稅收，另

一個是發展商的利潤。買樓的人,以至租樓的人,其實變相被徵重稅。政府估計 2016 / 17 年度的賣地收入有 1,178 億元,較原來估計的 670 億元多了 508 億,高地價將來會反映在高樓價之上,對用樓者就是一種變相的稅負。

試想一個大學畢業生,剛開始工作,月薪大約 $10,000 至 $14,000 元,五年之後,可能也不足兩萬元。如果他要過獨立的生活,在灣仔租一個劏房,也要 5,000 元。固然,剛剛畢業的,支付不起,就算月薪有兩萬元,租劏房再加衣食行交稅等開支,基本上已所餘無幾。即使父母有能力幫子女支付買樓的首期,要供 300 萬元房貸,也是一筆重債。租樓買樓者付了土地重稅。至於那些沒錢租樓,父母又沒能力支付首期的,只能夠與家人同住,沒有個人空間,就要承受幸福感低落的代價。

綜合而言,郊野公園上不建樓,我們先不講環保份子的理想訴求,受益的是已經有樓的、特別是可以經常使用不同郊野公園的退休人士。而受害的,就是那些沒有樓和等待上樓的市民,特別是年輕人。我覺得如何抑壓由地價樓價高企產生的房地產重稅,這不止是行將落任的特首梁振英的問題,是所有香港人都要關心的問題,所有從政者都要給出可行的答案。

2017 年 05 月 19 日

3.4

居屋大幅加長限售期並不爲過

港府在2018年「七一」回歸紀念日之前推出樓市六招，其中一招是把居屋售價由七折降至五二折，隨後表示10月重啟居屋申請，讓最新一期居屋中籤者享受五二折低價。

本月中房委會開會時，房委會資助房屋小組主席黃遠輝說，新一期的居屋，將實施更嚴格的轉讓限制，但業主仍可按舊制，五年後在市場出售，因房屋條例列明業主可在五年後補地價在市場出售居屋，若延長禁售限期，就會涉及修例。

由於10月居屋申請者，最快明年2月揀樓，房委會覺得未必趕得及修例，所以沒有考慮延長禁售期。但多個政黨覺得政府大幅提高居屋折讓，但就不延長禁售期，很有問題，分別向政府提出延長禁售期建議，有政黨提出禁售期由5年增至8至10年，也有政黨建議增至10至15年，當局表示正考慮政黨的要求。

當局把居屋折扣由七折調低至五二折，新一期居屋將有4,431個單位推出，相信會收到更多申請。樓價不斷上升，若居屋折扣維持七折，也會跟市民購買力脫節，所以把居屋售價改為與市民收入掛鈎，也是好事，但受惠人數較少，每年只數千單位推

出，中籤者才是居屋新政策受惠者，而他們得到的附加實惠也相當大，以市價400萬單位為例，由七折降至五二折，即增加18% 優惠，換算成樓價就是再減72萬，抽中居屋如中大獎。

若維持舊制，容許五年就轉讓，就會出現幾方面的問題。第一，可能出現天價炒賣得益者：若五年後樓市不崩潰，這些大折讓居屋開始在自由市場買賣，便會再現天價成交、瘋狂賺錢的案例。雖然有人爭辯說，調低折扣率，意味將來補地價的金額更大，業主出售單位時，不一定有額外得益。不過，調低折扣就令上車更容易，本來資金不足者，在五二折下可選購更大的單位。若禁售期不延長，亦等於給這些低折買居屋人士炒賣的時間，讓他有機會在較短時間內把居屋脫手謀利，違反政府加大折扣方便市民安居的政策原意。

第二，就是公平的問題，新例下居屋折扣較深，即有更多的優惠，若不加上較辣的條件，也對過去一、兩年買入居屋的市民不公平，若附加較狠辣的限售條件，等於不同居屋，折扣不同，限售條件亦有異，相對而言會拉近兩者差距，減少不公平感。

第三，是居屋這類資助房屋的本質，本來就不是讓居民短期轉讓獲利，而是一種長期的資助，給超過公屋申請入息限額，但買不起私樓的居民，以較低的價格，買入資助房屋。

其實居屋業主住得愈久,理論上愈着數,享受了百分百居住權,但只支付52%的樓價,等於政府津貼了48%的樓價予戶主,戶主住了二、三十年,才遷離沽出,享受到的房屋福利更多,也不會出現沽售居屋賺大錢的不公平感。

因此,政府在降低居屋折扣後,應訂定較長轉售年期限制,禁售期延長至10年甚至15年,並無不妥,至於修改房屋條例只是技術問題,當然立法會若盡快修例,在明年2月居屋揀樓前完成改例,就最理想,但即使有修例的不確定性,在出售居屋合約上註明,趕及通過新轉售限制就根據新例,趕不及就沿用舊例,都是一個願打、一個願捱的狀況,相信抽中居屋中大獎的市民也願意簽約,不會反對。

2018年07月31日

3.5

過渡性房屋可以止咳

2019年1月8日，一則深水埗區議會的新聞惹起注意。社聯向深水埗區議會提出第二個新過渡性房屋計劃，選址在深水埗欽州街西與通州街交界的一幅政府用地，計劃在該地興建兩棟四層高的組合屋，提供210個單位，預料2020年底完成工程。

同一則新聞引述民建聯立法會議員鄭泳舜表示，大致認同社聯的建議，並指出這是首次有過渡性房屋建屋計劃落戶在政府土地上，要求當局認真考慮，令日後可釋出更多政府用地作相同用途，增加單位供應數量。

鄭泳舜身兼立法會「跟進本地不適切住屋問題及相關房屋政策事宜小組委員會」主席（不明白為何小組的名稱這樣長），他要求政府成立20億元「社會房屋專項基金」，以先導形式推動各項過渡性房屋項目，在三年內提供不少於一萬個過渡性房屋單位，他坦言此目標仍遙遠。

所謂過渡性房屋是為輪候公屋或其他居住環境惡劣人士提供的一些短期房屋。特首林鄭月娥去年在《施政報告》中提及會將工

廈改建為過渡性房屋，而運房局早前亦成立專責小組，處理過渡性房屋安排。

我過去不太重視此建議，因為覺得「小打小鬧」，搞到好大段新聞，只是提供一、二百個單位。現時有27萬人排隊輪候公屋，平均輪候時間延至五年半，遠超三年上樓的目標。所以只能提供少量單位的建議，只是杯水車薪。

但鄭泳舜提出用20億提供一萬個單位，就比較有意思了，因為提供上萬個單位，可以解決一萬個家庭三萬人的居住問題。而且他提出的思路較佳，如無目標，等政府慢慢搵，可能幾年只提供一、二千個單位。如今倒過來定出三年內要有一萬個單位的目標，就可以倒逼政府加快行事。

其實「過渡性房屋」在上一代香港人有點不好的回憶，過去都有同類的房屋，叫做「臨時房屋」，是一至兩層高很簡陋的政府住屋，當時因為火災或清拆木屋區的原因，加上公屋數量不夠，政府就建臨屋，讓輪候公屋又未能上樓的市民暫住，但也有一住住上20年的例子。當時臨屋的興建量很大，例如1990年就建成17,745個臨屋單位。

後來隨着公屋興建量大增，政府在1992年的《施政報告》提出，要在1997年前清拆大部份臨屋區。後來港督彭定康到1995年卻

改變政策，宣布延遲清拆 12 個臨屋區，臨屋居民不滿彭定康出爾反爾，趁他到訪九龍灣啟祥和啟樂臨屋區期間，作出激烈的抗議，居民一度阻擋官員去路，有街坊突然向肥彭送上了一隻活老鼠，那隻籠中鼠差不多要碰到肥彭的頭，令他十分嬲怒，此事也成為那個時代香港房屋問題嚴重的象徵。彭定康最終決定於 1997 年前清拆大部份臨屋，而最後的沙角尾臨屋區亦於 2001 年清拆完畢。

18 年後的今天，香港若要大量興建類似臨屋的「過渡性房屋」，本來有點諷刺，但我仍認為政府應該大力做，因為第一，在租一個劏房也要 8,000 元的年代，若提供 1,000 元租金的臨屋，可以直接幫到數以萬計未到上公屋的基層節省開支。

第二，如今的過渡性房屋的質量比當年的臨屋好一點。以社聯在深水埗搞的過渡性房屋計劃，是興建兩棟四層高的組合屋，應該好過當年的鐵皮臨屋。

人要面對現實，過渡性房屋雖然解決不了根本問題，但可以止一止咳吧。

2019 年 01 月 10 日

3.6

解決房屋問題，政府要有子彈

昨天（2019年2月12日）提到公共政策的「萬金油理論」（即用一個原因解釋所有問題），就不得不提現今流行的「萬金油理論」，就是把所有的問題都歸咎於每日有150個「新移民」來港的「理論」。針對土地房屋的辯論亦如是，不少人很快就把問題轉移了，例如討論是否支持「明日大嶼」計劃填海開闢1,700公頃土地，除了說是「倒錢落海」之外，還會說停止了「新移民」來港，就根本不用填海。

先不說「新移民來港是家庭團聚，亦補充了低層勞動力」這些很難停止的因素，單是分析一下香港的土地供應問題，已可以明白高樓價不是源於新移民。過去，政府的可動用的土地極多，有大量彈藥在手，不僅公屋興建充足，還可以建大量居屋。當樓價急升的時候，政府就會大推居屋去平抑樓價。例如1997年樓價高漲，當時的港英政府在一年內推出三萬個居屋單位，可以想像，推屋的數量如何驚人。如今政府一年才推出三、四千個居屋單位，抽居屋如中六合彩一樣難。

由於土地、房屋供應短缺，看2019年至2028年的十年建屋目標，

住宅單位需求為45萬個，政府把原來的公私營房屋比例由六成增至七成，令到未來十年的公營房屋單位供應目標由28萬個增加至31.5萬個；私樓單位則由原來的18萬減至13.5萬個。

不過單是興建公營房屋的土地，估計未來十年只能夠興建24.8萬個公屋單位，換言之，距「長策」的目標還差6.7萬個單位的土地供應。另外，私樓單位供應平均一年減少至113,500個，而市場估計私樓需求一年起碼要20,000個單位，即使政府能夠在私樓供應上達到「長策」的供應目標，由於私樓供應減少了，令到供應更形緊張。（政府的理論是減少的私樓供應可以由公營房屋去滿足）

簡言之，香港房屋問題就是缺地。從需求方面而言，雖然有新移民來港，但香港本地人口急速老化，生育率亦下降，一加一減之後，香港的整體房屋需求，其實是逐步趨向平穩，而不是像上世紀七、八十年代香港經濟起飛時的猛增。香港的房屋問題，主要出在供應，而非需求方面。需求平緩，但供應卻嚴重不足，就形成樓價及租金高企的困局。

其實，香港不是沒有土地，但供應卻不足，底因還是香港政制逐步開放，無論是區議會、城規會、立法會都對政府覓地造成很多掣肘。回歸前一年可以做得成的事情，現時五年都做不成。試比較一下同樣是國際都會的新加坡，新加坡國父李光耀不斷

向人民提醒新加坡如此迷你，有多麼不利於這個國家的競爭與發展，故此新加坡自1965年立國以來，靠着填海，國土面積就增加了24%，從582平方公里增加到719平方公里。在2030年以前，新加坡政府預計再填海令國土提高到777平方公里，即再增加8%，新加坡將會創造出五分之一個台北市的面積。香港面積1,106平方公里，但土地用不到，又不敢填海，可見香港的土地短缺問題不是地理環境造成，而是制度造成。

政府提出「明日大嶼」計劃，即使計劃成功，房屋落成之時，最少也要在十多二十年之後，因此政府目前仍要尋找中短期的新土地來源。但若連「明日大嶼」計劃也推倒了，政府沒有土地的子彈在手，可以預見，就算現在剛出生的小孩子，到他們長大之後，仍要捱貴租、買貴樓。

討論公共政策，不能夠相信那些「萬金油理論」。我們要思考的反而是，如果香港的土地房屋供應問題不能解決，受益者是些甚麼人？受害者又是些甚麼人？看政治，要看本質，不能只看表面。

2019年02月13日

3.7

土地真辯論「程序公義」不容挑戰？

2020年香港特首戰隱隱然短兵相接，現屆特首林鄭月娥，和全國政協副主席梁振英，就土地房屋問題隔空對辯。

　本周二（2021年5月18日）開行政會議之前，有記者問林鄭，梁振英先生說現在有很多公務員有時候沒有做到「do it or die」的要求，一份文件在政府部門之間傳閱需時數周的情況很常見。又問為了土地、房屋，是否就可以犧牲程序公義？

特首第一部份的答案是，雖然承認政府組織架構並非十全十美，否則無需要進行精簡程序，精簡架構，提升效率。她又感謝公務員盡心盡力去做事云云。特首的回答捍衛了公務員，但沒有回答所謂「程序公義」的問題。

特首第二部份回答有關土地的問題。她說現屆政府對於土地問題的重視是毋庸置疑的。又話在土地供應方面，有喜歡用一個被形容為「揀石仔」的方法，逐塊逐塊土地研究（暗指前特首梁振英的覓地方式）；有認為要為「長遠謀劃」（暗示本屆政府），必須開拓新的土地的，不同的政府，有不同的策略，而她則着眼於長遠發展。

兩任特首這個隔空「土地大辯論」，我認為並未入肉。主要有幾方面的問題。

一、「長遠謀劃」策略的最大局限，是遠水不能救近火。本屆政府提出「明日大嶼」填海方式，其實，上屆梁振英政府已經開展相關工作，當時是以西部水域填海的名義，向立法會申請前期顧問研究，但因立法會拉布，政府提出的顧問研究並未得到批准。今屆政府把計劃重新包裝，最終通過了前期顧問研究。但問題是若不大幅修改現有的開發土地和建屋的程序，「明日大嶼」20年後也不會見到有樓落成，這是所謂長遠謀劃的主要局限。所以，下屆政府搞房屋政策，其中一個核心要求，就是要在五年內見到樓可以入住，不能等20年。

二、這個討論抽離了完善政制的現實。無論是上屆的梁振英政府或現屆的林鄭政府，都受到反對派在立法會內的連場拉布所影響。所以，「揼石仔」也好，「長遠謀劃」也罷，在這種局限之下，根本無法提出快速解決房屋問題的方案。

而梁振英政府提出使用郊野公園邊陲地帶土地興建房屋，當時指令房協去研究，正是為了繞過了立法會，不需要向立法會申請研究撥款。由此可見，在政制局限之下，推動房屋政策之難。很可惜的是，這個政策依然被現屆政府否決了。

論述土地房屋問題，不能夠抽離於政制。在完善了政制之後，房屋政策理論上會有極其廣闊的空間。執着於現屆政府究竟做了多少相關工作，其實並無必要，已是明日黃花。

三、「程序公義」這個核心問題，並沒有回應。回歸20多年，在反對派愈趨激進化，用政治議題取代了社會民生議題，甚至用漂亮的意識形態包裝，搞出一些似是而非的論述，例如說土地房屋問題是由於官商勾結，當引入「真普選」，就可以解決所有的問題。對本地政情稍有了解的人都知道，財團的力量很大，真普選也好、假普選也罷，財團都會找到空隙資助政團，扭曲政策，引發爭議，以保障其土地房屋方面的利益。

我聽聞城規會可以就一個項目，開了幾個月的會議，因為每一個反對意見，都給予15分鐘的發言機會，一個項目有人發動幾百人入紙畀意見，排隊發言，意見也是千篇一律，講完再講。城規會主席坐在那裏一直聽，聽足幾個月、拖足幾個月，這就是所謂的「程序公義」了。

另外立法會「拉布」，元朗橫洲公屋4,000個單位項目，一拖就是一年，也是程序公義。程序愈公義，樓價愈貴，上樓愈難。

未來的特首，應該是敢於反對那些鸚鵡學舌的「程序公義」口號，敢於和財團鬥法，真正去解決土地問題。

順帶一提，講到反對某個候選人的政見，就會被人話要挺另一個候選人。其實我認為選何人做特首，要先看條件，然後才看人選。我就相信候選人不止兩位，大家的眼光不必太狹隘。

2021 年 05 月 21 日

（4）

反思香港產業的發展

4.1

有夢，還要把它實現

昨日（2015年2月17日）講到一個在香港讀書的內地生，回深圳創業，如今變成一間年賺過8億元人民幣遙控飛機公司的老闆。香港科技工業發展遠遠落後於深圳，若仍然想在此領域發展，必須要向局內人了解問題出在那裏。

最近香港有個訪問團到深圳，和深圳高官、創投基金、科技公司對話，了解到深港兩地發展的差別。深圳發展科技工業起步亦不早，只是在1998年亞洲金融風暴之後，才開始起步。那時深圳經濟發展已去到瓶頸，製造業隨着成本上升不斷外移，深圳要發展新產業，才可以在全國範圍內跑出，結果就挑了科技產業。

據深圳市政府一個高官講，當時他們還去了香港考察，參考了香港生產力促進局支援中小企業的一套，協助中小企轉型升級。深圳科技產業後來走得這樣快，可能因為目標清晰一點，可能因為政府大一點，內地政府的優勢是政府效率較高，只要方向正確，就可以集中精力做大事。如今深圳的生產總值有50%和科技有關，遠比香港高。

深圳就是直接扶助科技產業，有直接資助研發，亦有牽頭搞創業投資基金，帶動投資。按國際經驗，一個經濟體的 R & D 研發經費佔 GDP 在 3% 以上，才能依靠科技創新產業驅動經濟增長。深圳這一指標在 2013 年已達到 4%，追趕世界前列，僅華為一家企業，2013 年研發投入就高達 330 億元人民幣。反觀香港的研發投資僅佔 GDP 的 0.76%（133 億港元），只是華為一間公司的研發投資，就等如香港的所有研發投資三倍以上！（當然電訊行業的研發開支極大）香港不要說追趕深圳的研發投資比例，僅是追趕和香港經濟結構較近似的新加坡，她的研發投資已佔 GDP 的 2% 以上，香港的公私研發投資也要大增到 400 億港元，才到 2% 的水平。

深圳高官提及他們津貼企業研發開支的實例，一間以深圳為基地的互聯網巨企，將其年度純利 4.1% 用作研發開支（估計有 6.2 億元人民幣），而深圳市政府就附加津貼，令其研發開支上升到等如其純利 7.6% 的水平（估計有 11.4 億元人民幣，即政府約津貼了 5.2 億元人民幣）。而香港政府並無津貼企業研發開支的政策。

至於創投基金方面，深圳當年是由政府先搞風險投資基金，鼓勵人在深圳創業，到 2015 年風險投資基金增長到 100 億元人民幣，加上私人的風投基金，合共有超過 1,000 億資金，佔全國 4,000 億風投資金的三分之一，在深圳創業已形成風氣。

其中一個深圳風投基金負責人是前香港科技大學的教授，他說還在不遠之前，在2010年在中國做創業投資基金好沮喪，中國沒有一間公司是科技公司，總是「人哋做咩就做咩」。因為40歲以上的中國人，年少生活艱難，無夢想，不像美國戰後出生的一代，如蓋茲（Bill Gate）、喬布斯（Steve Jobs），自細就有夢想。但中國內地的80後，出生於較安穩的年代，開始有創業夢。這個教授比較香港的大學生，認為香港青年大多沒有創業夢想，他們自少在同一區長大，讀小學、中學，不要說國際觀念，連國家、地區觀念也沒有，看不到世界之大，有無限可能。

總括而言，比較深港兩地的科技產業，無論在研發開支、風險投資環境，以至年輕人創業心態，都有極大差距。深圳不是以香港為對手，深圳如今科技產業發展已是全國第一，以追趕美國矽谷為目標。

這個創投基金負責人一番說話，令我想起去女兒學校的高中選科講座，在電腦科學科目介紹時，老師播了一段美國總統奧巴馬的講話，奧巴馬大力呼籲美國年輕人要學習電腦科技，他說：「如果我們希望美國走在科技前沿，我們需要像你們那樣的年輕美國人，掌握這些工具和技術，它們將改變我們做各種事情的方式，這就是為甚麼我在請求你們參與進來。不止買一個電腦遊戲，做一個吧！不止下載最新手機應用程式，幫助設計它吧！不止玩手機，編寫它的代碼吧！」

當美國、中國、印度最聰明的學生，都在選讀電腦等技術科學，香港的情況卻不一樣。不要太輕易說香港不要和內地比，我們不一定要搞科技，關鍵在尋找合適自己發展產業。問題不在於是否成立創科局，而是在於我們的心態。我們要有追求卓越的心態，懷抱夢想，並且將之實現。

2015年02月18日

4.2

市場細出大力

睇香港電影金像獎頒獎禮，不禁有點心淡，雖然都好想講些「香港電影加油」之類的說話，但口又講不出聲。

未講電影先講出席者，人人都知香港電影金像獎不是千萬元鉅製，不能期望太有娛樂性，但陳小春做主持只能用「不忍卒睹」四個字去形容。本屆（2015年）金像獎頒獎禮由陳小春夥拍林家棟、楊千嬅主持。陳小春首次擔任金像獎主持講說話本來已有不清不楚的感覺，很多地方都聽不清他說甚麼。到懷念黃霑環節中，幾個主持要輪流背出霑叔作品名稱，家棟和千嬅都背誦如流，唯獨小春背了幾句之後就背不出，搞了一會才尷尬地取出貓紙照讀。做出色主持靠天份，做稱職主持下苦功去熟讀講稿就可以，可惜小春連這點都做不到。

相對而言，沒有獲得最佳女主角獎的湯唯卻教人另眼相看。雖然女主角大獎由趙薇奪得，但湯唯上台發言落落大方，而她那流利的廣東話，其純正程度令人吃驚，比幾年前她賣 SKII 廣告時講廣東話仍帶較重口音，如今再進一大步。湯唯不止廣東話了得，韓文講得兩句，英文亦甚流利。對這種人一般可以用「語言天才」去解釋，我卻比較相信是後天的努力，是超常的努力。

我很不想將小春和湯唯拉在一起講，提升到港人和內地人比較的層次，內地13億人都有好多做事「求其」的人，同樣香港700萬人也有很多好努力拼搏份子，但若將香港和內地演藝界的精英比較，不難發現港人已沒有甚麼優勢了。

最近跑了上海一趟，與一個內地電影界巨頭談起中國電影業的發展。中國2014年電影票房收入296億元人民幣，2015年票房估計400億元人民幣，增加35%，當中中國片約佔60%，外國片佔40%。中國電影業還以驚人速度增長中，戲院屏幕每天增加12個！中國已是世界第二大電影市場，僅次於美國荷里活。去年票房第一的是荷里活大片《變形金剛4》，票房19.8億元人民幣。前十位票房中，有香港參與的電影有第三位的《西遊記之大鬧天宮》，主演的有港星甄子丹、周潤發和郭富城。以及由徐克導演、排第四的《智取威虎山》。

相比之下，香港去年（2014年）電影票房只有16.5億港元（折合13.2億元人民幣），按年微升1.3%，預計之後票房也不會有太大起色，內地電影市場是香港的20多倍。

純粹的港產片，只在香港這個小市場玩，無論製作規模或潛在回報，無可避免很少。但不等如香港的電影人沒有影響力，內地和香港合作的電影還有很多十分成功。例如在內地電影人口中，周星馳就是「大鱷」，他的新作《美人魚》，一早揚言明年（2016

年）農曆年在內地上畫，其他電影不敢和星爺這位大鱷的戲硬拚，就只能讓路。

聽完內地電影人一席話，明白兩地電影市場有大小之別，要做大做強的公司，肯定要以內地市場為主導。香港電影人要殺出血路，在市場規模不如人之下，唯有加十二分的努力搭夠。

2015年04月21日

4.3

這是一個顛覆的年代

近日（2015年7月）確是媒體的寒冬，先有《新報》結業，再有《成報》停刊，前日又傳來《忽然一周》8月結束的消息，70名員工，全部遣散。身為行業中人，聽到這些消息，不無傷感，悲歎行業波動，感慨大樹凋零。

《忽周》曾經是一棵大樹，從《蘋果日報》隨報附送的娛樂周報起家，後來分拆出來獨立銷售，高峰期銷量超過20萬份，長期高踞本地娛樂雜誌一哥位置。近年《忽周》銷量大跌，但仍有6萬份的銷量，在本地同類產品中仍是數一數二。據《忽周》負責人稱，雜誌去年（2014年）仍有盈利，至2015年才開始虧蝕。不少《忽周》的員工慨歎，為甚麼他們較亞視還要早執笠？家家有本難唸的經，恐怕壹傳媒集團屬下很多紙媒體都出了問題，所以才出此下策。

這麼多報刊同時結業，不少朋友問我，紙媒末日是否已來到？對於這個不斷被人提起的問題，我有一個標準答案：「不一定，看自己。」1930年，當電視機出現的時候，很多人預告紙媒與電

台將同時步向末日。結果，80多年以後，正當電視台也面對着嚴峻挑戰的時候，仍有報紙、電台生存得很風光。這是一個淘汰賽，新產品出現，搶了部份市場，便會將原來的經營者的空間擠壓大半，部份經營者被淘汰，市場又達致平衡。

不少人說收費報紙主要是給互聯網迫死，我覺得這樣的分析略嫌簡單。無疑愈來愈多讀者把時間花在互聯網上，減少閱讀紙媒的時間。但從廣告角度而言，免費報紙才是紙媒最大侵蝕者。像《頭條日報》這個免費報紙一哥，最高發行量曾經達到100萬份，佔據了免費報紙市場的最大份額。2015年全港所有免費報紙的廣告收入，每年共計超過10億元，遠比新聞網媒拿到的3億多元廣告費為高。免費報紙表面上看似不甚亮眼，實際上是這場淘汰賽的大贏家。網媒看似耀目，其實只是急流中的逐浪者。

說到傳統行業面對的挑戰，不期然想起三個星期前在內地瘋傳的一封離職信。寶潔公司（P&G）全球職位最高的華人、寶潔大中華區美尚事業部副總裁熊青雲離開寶潔，加入京東商城，成為京東商城市場部主管，她的離職信引發廣泛傳閱。我與熊青雲曾有一面之緣，對她的衝勁及幹練，印象極深，想不到她連離職信也寫得如此出色。她在信中說，「這是一個顛覆的時代，你不顛覆自己，別人就顛覆你。寶潔歷來就是一個顛覆者，在將近180年的公司發展長河中，出現了無數次顛覆性創新。」

我們見到報紙雜誌倒下，原因是它們的市場給別人顛覆了。報刊依靠廣告生存，大部份的廣告費給強者拿走了，剩下的弱者，便只能夠分食殘羹。無論過去有幾輝煌，可能在幾年間，甚至幾個月的時間內，便變成失敗者。在這個互聯網時代，所有事情都不再是必然。唯有創新，才能令產品保持永恆不墮的地位。

創新當然不限於跳去做互聯網，從產品內容、售價、分銷渠道，以至公司自身的成本結構，都有各種顛覆現有行事形式的創新空間。不變，好易出局。

2015年07月22日

4.4

「唸神」買少見少

冬至又到，和廣州做貿易的朋友閒聊，他提起一個買便宜貨的故事，說關乎香港經濟的命運，真是有點錯愕。

他聽有官方消息的朋友講起，內地幾個大城市廣州、深圳、上海、天津、北京、鄭州試點個人網購外國貨免收關稅，他不相信，自己訂了兩隻波士頓龍蝦，68元人民幣一斤，送到家裏，還是新鮮龍蝦，不是冰鮮，若然死了不用付款，他成功訂購，說「唔訂過都唔知係真。」還說：「你們香港新鮮波士頓龍蝦要百多港元一斤吧？他們這樣訂平過香港好多喎」。

這個朋友做了幾十年電子產品貿易，入口外國電子產品到內地，非常熟悉「中港」貿易，話只是海鮮一項，現時入口內地稅項頗多，有30%至40%稅，所以有走私海鮮入口避稅，但網購這樣便宜，將來走私海鮮都無得做。他說內地商人腦筋轉得很快，這些網購只限個人購買才可免稅，公司買無得免，但有餐廳已在構思，由客人自行訂購海鮮，送到餐廳代煮，這樣連餐廳的海鮮食材都有免稅優惠。

朋友講起現時內地個人網購免稅，在這六、七個城市試點運作之中，每個城市會發六、七張牌照，這些主要是國企，每張牌照下再成立進口不同貨品的合資公司，第一階段只有幾種產品可享入口免稅，包括食品、母嬰產品、健康食品、化妝品等，而下一階段免稅物品會擴展到手袋等產品。

據聞廣東省現時有大批的自由行旅客，來香港買各種類型的健康食品、奶粉、化妝品、尿片等等，未來當個人互聯網免稅訂購普及時，為何還要來香港買這些東西呢？就算來香港旅行，都無須帶這樣重的東西回去了，因為內地網購直接送上門，又方便又快捷。他估計第二階段去到手袋這些物品都可以免稅時，連香港的名牌店都會受影響。

聽完他講，都有少少標冷汗，覺得香港旅遊零售的地位有少少危，過去這幾年，香港食自由行的生意都食到飽飽地，而自由行旅行消費都有慢慢回落之勢。二、三年前，自由行旅客來港都會買貴嘢，例如100萬一隻的手表，一個客掃幾隻都不手軟。

但自從內地打貪以及經濟開始放緩後，來買貴貨的人已少了很多，內地客主要來買中下價貨品和日常生活用品居多。

我們隨街都見好多「喼神」，亦惹起部份香港人的反對聲音，覺得自由行旅客太多，相當擾民。與此同時，很多地區的舖租亦

被抽高，舖價亦升了很多，數以千萬計的地舖比比皆是。但是內地開始開放個人免稅網購外國貨品，估計將來會在全國全面鋪開，貨品亦不限只有幾樣，可能大家想像到的貨品，都會納入網上免稅訂購。

其實這亦符合中國發展大趨勢，因為中國跟很多國家簽了雙邊或者地區性的自由貿易協定，互免關稅是大勢所趨。現在中國先開放個人的網上購物免稅，都是開始實踐自由貿易協定免關稅的承諾，相信減免入口稅項大潮不會停止。

自從 2003 年有了自由行後，香港零售經濟好大幅度向內地旅客傾斜，未來如果內地個人網購免稅逐步全面鋪開時，相信香港這些生意亦會逐步萎縮，好處固然是舖租舖價將來會回落，但令人擔心的是，當「嗡神」有減無增時，香港經濟未來的增長點在哪裏呢?!

2015 年 12 月 22 日

4.5

貨櫃碼頭叢林法則淘汰香港

最近（2018年7月）去了廣州南沙港參觀，我三年多前也去過那裏，發現南沙港發展相當快，三年之間，可說是一日千里，而當地政府仍然大力催谷貨櫃碼頭業的發展。

在80年代末，我在財經報紙當記者，親眼目睹香港超越了紐約和荷蘭鹿特丹，成為全球第一。要到十多年後的2005年，香港貨櫃碼頭吞吐量才被新加坡超越。在失去全球第一位之後，情況每況愈下。2017年，香港貨櫃港全球排位已跌到第五位，全球第一是上海港，而廣州港口去年（2017年）全球排第七，廣州的南沙港正挖深航道，迅速發展，大力趕上。

2018年頭五個月過去，廣州首五個月共處理863萬個標準箱，按年升9.3%，追過香港，成為全球第五大貨櫃港。而香港在全球貨櫃港排名被廣州超越。廣州繼續推出雄心勃勃的航運發展計劃，未來三年內投資1,000億元人民幣去建設南沙港。

在新加坡上市的和記港口剛公布了2018年第二季和上半年的業績，正好找來看看香港貨櫃業的經營狀況。和記港口的第二季

營業額27.9億港元，下跌了3.6%，而上半年只跌了0.3%，顯示主要跌幅集中在第二季，而主要跌幅來自香港葵涌港。葵涌港第二季貨櫃吞吐量跌了7.2%，而鹽田港只跌了4.1%。深圳港口全球排第四，鹽田港雖然與葵涌港一樣正面對着南沙港的競爭，但它仍有相當增長，受的影響沒有香港大。

一葉知秋，香港貨櫃碼頭正面臨叢林法則式的淘汰。過去，香港因為是自由港，便發揮了金融和航運等行業作為內地窗口的優勢，但隨着內地經濟急速發展，內地城市大步開放，再加上內地政府的巨量投入，香港的競爭優勢正在快速減弱中。

貿易是香港的大生意，貨櫃碼頭僱用了數以十萬計的工人，香港貨櫃港衰退，不但影響了貨櫃公司盈利，也影響到從業員的生計。由於香港政府沒有投資新的港口（我們也不贊成投資），政府對香港貨櫃業的支持近乎零。我找業界了解一下，他們也沒有期望政府會有很大的支持，也不太關心是否會把葵涌貨櫃港改為建樓，而是關注如何在劇烈競爭的環境下提高競爭力，估計未來有兩方面的發展：

第一，是催生行業的聯盟和合併。香港現時有兩大貨櫃碼頭集團，和記及九倉，過去競爭劇烈。但如今面對着嚴峻的外部環境，就要倒過來想企業聯盟甚至合併，此舉可以大量節省成本和提升效益，例如把不同碼頭的吞吐力聯營，就可以減少輪船

等候時間，提升效率。

第二，是向政府爭取寬鬆政策。業界沒有期望政府會提供很大的幫助，但政府現時的相關政策很死板。以碼頭內運車司機為例，已經非常老化及人手不足，這些司機只在碼頭內運送貨箱，不會離開碼頭。目前，他們要有掛接牌才可駕駛內運車。由於運輸行業人手不足，很少人想到碼頭當運車司機，業界多年來向政府爭取放寬，讓業界自行培訓，讓有車牌者經培訓和考核合格，便可在碼頭內駕駛內運車，此舉可擴闊招聘面，紓緩人手不足問題。但由於涉及不同部門，政府並不同意。

香港已經渡過了很容易賺錢的美好時代，面對生意下降，只能夠大幅整合，提升效益，希望政府不要那麼官僚，幫助業界應對寒冬。

2018年07月25日

4.6

不要當市民是奴婢

醫務委員會周三（2019年4月3日）全面否決了四個放寬海外醫生考取私人執業資格的方案。這些方案都要求海外醫生要在香港考執業資格試，主要是以不同方式免除海外醫生的實習要求，其實對海外醫生來港執業談不上有甚麼吸引力，但醫委會連這樣的溫和方案也全部拒絕了。

醫委會面對外界壓力，早前設立小組，研究如何放寬海外醫生在港考取私人執業資格，吸引他們來港行醫，結果小組提出的方案全部遭到否決。由於投的是暗票，不知道誰支持、誰反對，醫委會主席劉允怡暗批有人口講支持，但投票時卻是另一回事。事後政府發聲明，對醫委會的表決結果遺憾和失望，又說會繼續探討如何應付醫生短缺問題。本身是醫生的反對派立法會議員郭家麒認為，政府的聲明對醫委會極不尊重，做法極為罕見，質疑政府輸打贏要，欺壓專業自主，「當醫委會係奴婢」云云。

我收到好幾位朋友傳來的憤怒短訊，質疑醫生只保障行業利益，置社會公益於不顧。昨天我去茶餐廳吃早餐，鄰桌就有位中年男士向他的朋友猛呻，質問現在去公立醫院看病要輪候多久，

去私家醫院收費有多貴，究竟政府知不知道？言詞之間，極之憤慨，只差沒有爆粗而已。政府高官和尊貴議員們，究竟有沒有聽到市民的聲音呢？

房屋和醫療是香港兩大民生問題，但在這兩個問題上，政府搞來搞去，都搞不出甚麼靈丹妙藥去解決問題，反而很有決心去推「三隧分流」方案，完全不急市民之所急。

香港人口正在急速老化，對醫療的需求猛增。但香港每年培訓的醫生人數有限，供不應求的情況愈演愈烈。造成的第一個現象是公立醫院逼爆，即使政府有錢興建更多的醫院，也不能解決醫生人手的瓶頸。公立醫院醫生人手不足，工作負擔日重，就令私家醫院的工作愈趨吸引，令到公立醫院的醫生加速外流。雪上加霜的是，由於私人醫療並無收費限制，私家醫院收費不斷上升，對公立醫院的醫生更具吸引力，造成惡性循環，雪球愈滾愈大。

所有事情都可以用一個很簡單的經濟學原理——供求關係去解釋。當香港人口老化，令到需求急增，而醫生供應缺乏彈性，不可以同步猛增，就令到醫生的價格急升，由於公立醫院的收費不能增加，只有私營醫院的醫生收費可以增加，醫生人手就由公營醫院跑到更有吸引力的私營醫院。這個惡性循環，只能夠用增加醫生供應去打破，如果不能增加醫生供應，講其他方

案，完全無謂。

反對派刻意把問題歸咎到每日 150 名新移民來港的政策上。新移民來港，的確會增加香港醫療系統的壓力，但影響不至於會很大，因為來港的新移民普遍比較年輕，而香港現時醫療需求急增的關鍵原因是本地人口快速老化。當反對派找了新移民作為本地醫療壓力大增的藉口之後，就避開了輸入醫生這個會得罪醫生的課題。立法會內有郭家麒這類醫生議員，他們為了保護個人及行業利益，就大力喝止任何輸入海外醫生的建議，政府想一想這些方案，他們都迎頭痛擊。

如果問任何一位市民，我相信不會有人會覺得「政府當醫委會是奴婢」，相反地只會認為政府面對醫生時軟弱無能。在醫療服務供應如此緊張的時候，是尊貴議員當廣大市民為奴婢，為他們的界別利益服務。

2019 年 04 月 04 日

4.7

今日港龍，明日香港

國泰 （Cathay Pacific） 宣布大裁員，當中埋藏了港龍航空執笠的故事。國泰全球裁減8,500個職位，實際上裁員5,900人。國泰為甚麼選擇結束港龍呢？首先要看看香港的航空史。

國泰是英資公司，原本獨家擁有香港的航權。中英達成協議，香港在1997年回歸，商人曹光彪看到機會，於1985年創建港龍航空，要和國泰競爭，但最終鬥不過國泰，於2006年被國泰收購了。

市場上永遠有競爭者，其後海南航空又搞了兩家航空公司：一家是普通的航空公司香港航空 （Hong Kong Airlines），另一家是廉價航空公司香港快運 （HK Express），雙線與國泰和港龍（Cathay Dragon） 競爭。故事不斷重演，近年海航出現經濟困難，最後將香港快運賣了給國泰。國泰整個集團形成一個國泰航空主要做國際線、港龍航空主要做內地線、香港快運做廉航的格局。如果沒有去年（2019年）的黑暴事件和今年（2020年）的新冠疫情，國泰這個佈局相當正常。三家公司互有分工，亦阻截了不同類型的競爭者入侵。

但香港接連遭遇兩場風暴的衝擊，航空業，尤其是在客運方面幾近完全停頓。國泰請求政府入股救助之後，就考慮如何應付未來一、兩年衝擊。問題就來了，究竟生意何時會恢復和哪種生意會恢復得比較快，成為關乎裁員開刀的關鍵考慮。香港快運是新成員，公司年輕，成本應該是三家公司當中最低的，不是裁員的重點對象。最後國泰選擇一刀砍掉港龍，相信與業務前景估計有關。

在新冠疫情下，即使明年（2021年）初開始可以大規模接種疫苗，但到明年今日，疫情能否完全平復呢？仍是一個很大的問號。若到時只能恢復到五成客運生意，對航空業仍然是一個很嚴峻的挑戰。如果要兩、三年之後才復常，以國泰集團月蝕15至20億元計，唯一的解決方法就是在節流方面深度開刀，第一刀便完全裁掉港龍，也是一個落刀很深的做法。當中除了對疫情的估計，也包含了內地和香港客流的評估。

目前中港人流減少，絕大的原因是疫情。但疫情過去，中港客流能否復常，仍是一個很大的疑問。由於去年的黑暴事件，已極大影響到內地遊客對來港的情緒。兩、三年之後，疫情完全消退，由於內地人來香港旅行的高潮，已經褪去，相關生意也許只能回復此前的七、八成。換句話說，主要做中港客運生意的港龍，復甦能力會慢過做國際線的國泰，先拿港龍開刀，是合理的選擇。不過，大家要留意的是，如今大裁員加減薪的只

不過是第一刀，如果國泰的營運情況繼續不行，相信第二刀還會來。

航空業從來都是高薪人士聚集之地，翻開國泰集團2019年報，包括機師及機艙服務員，共有18,257名飛行人員。當中有3,360人的年薪超過百萬元，高過250萬年薪的高達1,330人，空勤人員本來是一份筍工。由於公會的滲入，並且容易組織罷工，令到國泰的工資愈來愈高，但服務態度卻在轉差，本來已是臃腫低效的形態。

香港爆發暴力示威時，黑暴其中一個焦點是要癱瘓機場，發動三罷。在工會組織之下，很多空勤人員響應。直到阿爺出狠招，要求所有飛經內地空域的空勤人員名單，都要事先交到內地審批，由於香港與內地空域非常接近，飛機無論是國際或內地線，一升空都幾乎必定經過中國空域，等於絕大部份香港空勤人員的名單都要經內地審批，所有參與違法示威、有刑事紀錄的，肯定都會被內地剔出准飛的名單之外。阿爺出招，一下子便把空勤人員搞三罷的勢頭壓了下來。當時職工盟想在機場範圍內發動集會，被機場拒絕，最後轉到中環集會，結果只有二、三百人響應。

阿爺出狠招，才剎住香港空勤人員罷工的勢頭。回頭一看，這些攬炒行為，未能炒低大陸，卻炒低了港龍航空。近6,000個空

勤人員丟掉了飯碗，疫情過去，也不等於他們可以重投這個行業。事過境遷，管理層可以將格局重整，招聘新入職的年輕僱員，教導他們要接受香港航空業的現實，相信會比重聘舊員工容易。這不單止是薪金支出的問題，也有態度問題。

今日港龍，明日香港。香港這個芝麻一樣小的地方，如果不抱着個搶生意的求生態度，反而抱着一個趕客的政治態度，一定無運行。

2020年10月23日

4.8

油商壟斷賺到離譜

2014年12月11日，金鐘成功清場，結束了持續79天的「佔領中環」，夏慤道東西行線重開，就如打通血管那樣，血流恢復通暢，社會重燃生機。

佔中時路不通阻住運輸界「搵食」，到路通了，發覺油商就是另一隻攔路虎。最近（2020年）國際油價急跌，油價跌到每桶60美元以下，最新造59.33美元，11月至今油價已回落24%，年初至今已累跌38%，但零售汽油價格跌幅，遠不及國際油價，汽油減幅不足6%，顯示油商加快減慢，食得太盡。

若然不計只得十個油站的中石油，香港只有四大油商，你問他們為何國際油價跌這麼多，零售油價跌這麼少，他們一定有一套理論答你。例如話本地燃油零售價除了受油價影響外，亦有油站的經營成本。又話本港車用燃油以入口為主，故會跟新加坡離岸價格，坊間經常提到的原油價格並不適用於本港的燃油市場云云。

要駁油商這兩個理由不難，第一，是有其他成本問題，但當油

價上升時，本地零售燃油價格就會跟得好快好足，那時不見他們提其他成本不變，所以不用加這麼多價。第二，是跟新加坡的離岸價的問題。這不外乎講原油價和煉油價下跌有時差，未用晒貴價庫存不能減價。但做過生意的人都知，你見到原材料不斷跌，都不會訂這麼多料，原本正常三個月原料庫存，訂少點變一、兩個月，所以好快用光貴材料，結論是這又是一個藉口。

我和運輸業界中人傾過，都知道一些行情，發現四大油商壟斷的情況很嚴重，零售價格愈來愈貴，其中一個是柴油的價格。運輸業多用柴油，多年前發展出一種「會員油」，有些有生意眼的商人，以批發價向油公司取了油，在新界搵塊爛地起個油缸，畀「會員」入油，比零售油價平好多，這些做法完全合法。這些批發商之所以取得平油，因為有競爭，甲公司貴，他可以從乙公司攞，在十多年前中石化還是得幾個油站的年代，它零售渠道少，就賣好多油給做會員油的批發商。

運輸業人士話，兩年前（2018年）柴油「會員油」比油站零售柴油只是便宜4.5元，今天會員油已比油站便宜6元，價差愈拉愈大。這是差價，和油價高低無關，意味着有競爭的會員油平好多，無競爭的油站油就好貴。

油價貴，不願減，因為四大公司壟斷了，它們就是加快減慢，

你奈不了何，政府若不打破它們的壟斷，我們還是要不斷捱貴油。

2020年12月12日

⑤

香港病態的勞動力市場

5.1

標準工時得個講字

標準工時委員會早前（2015年5月6日）開會，指政府傾向集中保障低收入但長工時的打工仔，以月入1.5萬元劃線，規管這個水平以下職位的標準工時及超時津貼，並研究措施對勞資雙方的影響，若實行有161萬低收入打工仔受惠。

現時有大約72萬打工仔每周工作超過51.5小時，若以5天工作計，平均每天工作10.3小時，飲食業是重災區。標準工時委員會成員話，政府有意為某一個工資水平以下的僱員，提供標準工時的保障，即超過標準工時要加班，須有超時補水。政府經濟顧問會研究若於1萬、1.2萬及1.5萬元三個工資水平劃線對勞資雙方的影響。政府亦會研究以每周44、48及52小時三種工時為標準工時，以及以1.3倍及1.5倍人工兩種超時補水方式，對僱員的影響。

睇到這裏，我估你已經被數字搞到頭暈。若是打工仔，只想知道自己會不會受惠，何時可以實現。我走去收一收風，就叫大家不要開心得太早，標準工時「有排不會實現」。

打工仔希望返少一點工，是純樸而卑微的願望，正如今天到星期五，大家都會話「多謝上帝又到禮拜五」，又放假。但工會一直力推的標準工時制度，其效果不一定是縮短返工時間，反而是超時補水會大幅增加，現時還有很多工作超時沒有補水，若變成超時要有1.5倍人工的補水，若一日超時兩個鐘的話，等如僱主要界多37.5%人工，所以標準工時和最低工資一樣，若然實行對部份行業就有大加人工的效果。

特首「煲呔曾」上任時話明要「玩鋪勁」，民生政策引入了最低工資，而政治政策就實現了立法會的政改，結果是最低工資的影響比較深遠。實行最低工資後，將以往最低收入一層工人的月薪，由5,000多元拉升到8,000元。基層收入的確增加了，但副作用是同時推高了通脹。因為工資基數提升，一些不受年輕人歡迎的行業，如茶餐廳的洗碗工，人工就拉升到14,000元，地盤紮鐵工更加要33,000元才有人做。

建築業工資高企，建築費用大升，樓價租金照升。飲食業人工上漲，茶餐廳的收費亦加。雖然樓價租金升、物價高，有很複雜的成因，但不能否認實施最低工資是一大推動力。結果基層人工上升了，但物價又增加了，生活質素沒有改善。最慘的是較多年輕人喜歡做的文職工作，過去人工高於基層工種，如今基層工種的人工大升，但文職工種薪金無漲，出現倒掛現象，大學畢業生人工低過洗碗碟工的情況比比皆是。他們可說是受

害的一群，因為人工無加，更要承受物價上升之苦。

政府見這種形勢，面都青埋，怕再實施最低工資，基層人工再升，不止僱主開支猛漲，會再推升物價，影響香港的競爭力，亦怕文職和非文職的薪金倒掛情況更嚴重，令大學畢業生更加不滿。

政府面對這種做又死不做也死的局面，唯有用拖字訣。

2015 年 07 月 23 日

5.2

勞工短缺，吸金黑洞

高鐵香港段工程進一步超支及延誤。港鐵向政府提交的數字顯示，高鐵造價進一步上升至853億元，較最初的估算超支203億元，而通車目標更推遲至2018年第三季。運輸及房屋局局長張炳良聲言，不能夠接受，並會追究港鐵，港鐵今天（2015年7月3日）將出席立法會解畫。

香港興建高鐵連接內地，當年已經是政治上很富爭議性的題目，現在工程出現大延誤及嚴重超支，更加成為反對工程人士的口實，整件事尾大不掉，叫人慨歎。造成港鐵工程開支由當年估算的650億元大幅增至853億元的原因有幾個，首先是增加21億元備用資金作為緩衝，其次是嚴重缺乏勞工，令到建築成本大幅飆升，時間亦拖長了，進一步令成本增加；第三是港鐵計漏了一些項目，第四是工程至目前為止，已七成完工，港鐵比較準確計出超支的實際數額。

張炳良局長明言對港鐵的表現感到失望，又認為港鐵是政府委託的高鐵工程管理人，有責任控制好成本。政府路政署亦多番就工程滯後向港鐵表示關注，他又聲言不能夠接受高鐵工程嚴

重超支及無限期延遲云云。

高鐵出現這樣嚴重的超支，港鐵當然有責任，其管理層責無旁貸。但政府主事高官表現得像「花生友」一樣評論事件，也很有卸責之嫌。

究竟高鐵超支的主要原因是甚麼呢？將眾多原因綜合而言，超支有兩個核心起因。首先難度的預計失誤。由於整個項目都在地底興建，部份的地質問題，例如石層硬度超出先前估計，造成超支，更重要的問題是建築工人極度短缺，拖慢了工程，令到建築費用大幅增多。

據說港鐵於2009年計算工程造價650億的時候，估計每年開支大約增長2%，但由於建築工人工資年年猛漲，項目的成本每年以5%至7%增長。整個高鐵項目需要5,000名工人，卻經常短缺1,000名工人。大家見到地盤內有年齡高達70歲的工人在開工，便可以知道工人短缺的程度有多嚴峻。人手極度短缺，工資自然猛升。單是紮鐵工人工資，便較2009年時所預計的高出九成，他們的工資每天要 $1,600至 $1,700元。

政府在整件事中表現得猶如置身事外，但導致今日嚴重超支其中一個關鍵環節，是沒有合理地為項目輸入勞工。高鐵項目長年欠缺兩成或者1,000名工人，但若不計算跟隨鑽挖機來港的兩、

三百名內地工人，實際上只輸入了50名勞工，絕對是杯水車薪。還記得去年（2014年）初次提到高鐵工程延誤的時候，政府提過會協助港鐵透過「補充勞工計劃」輸入外勞，但事實上是得個講字。原來香港輸入外勞的制度與澳門的截然不同，澳門用的是配額制，分到配額，承建商便可以自行招聘外勞。香港卻按具體的外勞輸入名單申請，一次申請需時六個月到一年，而很多工程分包商，接到工程一、兩個月內便要開工，香港輸入勞工制度，時間太長，便形同虛設，令到輸入勞工的人數很低。

事實上，政府在輸入勞工方面，一直畏首畏尾，政治上怕得罪工會，不敢輸入勞工。與此同時，卻有大量公共工程上馬，令到本地建築工人更加僧多粥少，工資愈扯愈高。基本上，不單止高鐵工程超支延誤，本地所有的大型基建項目都面對同一困境，樓宇建築成本便接近每呎5,000元，樓價又如何不高企呢？

政府在紓緩勞工短缺的問題上，基本上甚麼也沒有做，工會現時正為設立標準工時，對政府窮追猛打，政府便更加如驚弓之鳥，不敢大幅輸入勞工。但是，建築工人極度短缺，代價便由全體市民承受，例如高鐵工程以及其他公共工程項目的超支，便由納稅人埋單，而樓價貴得驚人，就由買樓及租樓人士負擔。

政府在高鐵超支延誤問題上扮演旁觀者，議員其實應該問問政府，她在輸入勞工、降低工程成本及提高效率方面，究竟做了

些甚麼？

2015 年 07 月 02 日

5.3

一個月 10% 的員工流失率，代表甚麼？

香港勞工緊缺，去年（2017年）9至11月失業率3%，總就業人數384萬，以一個成熟經濟體而言，這已經是一個全民就業的數字。

在這樣低的失業率下，一些吸引力較低的基層工作，如服務性行業，人手經常短缺。最近與一位大型快餐集團的高層聊天，他說他自己在外用餐，由於餐廳人手太緊張，見到客人招手叫侍應，侍應「詐看不到」的情況。他說未必是侍應的服務態度問題，在正常情況，茶餐廳會有侍應、傳菜和收銀等不同的員工，如果傳菜及收銀都請不到人，所有工作都由侍應兼做，由於分身不下，就算有客人需要幫忙，也只好扮作看不到了。

他說，對於快餐店的經營成本而言，近年食材價格相對平穩，去年只有牛肉價格略高；租金則是永恆的挑戰，除了銅鑼灣羅素街由於自由行豪客減少，租金下降之外，香港其他地區租金基本上還是一路向上，例如領展商場，三年租約期滿，就會加租，有些時候，即使續租舖面面積減了三分之一，租金還是有增無減；不過，最大的挑戰，還是人手的問題。以一個有3,000方呎，

有百多個位的快餐店計,由於餐價不高,一天要賣出二千多個餐,才能「維皮」有賺。而要早、午、下午茶、晚餐一日四轉賣出這樣多的餐,非要足夠的人手不可,但現時快餐業請人非常困難。

他說了一個很嚇人的數字,他們的快餐集團,每月(不是每年!)的員工流失率(staff turnover rate)差不多達到 10%!有些員工出出入入走了又會回來,一年內流失率是 80%,基本上大多數員工都更換了。現時很少有本地的年輕人入行做快餐業,因為一般人的感覺快餐業屬低下的服務性工作,無甚前途(可能是錯覺),不想加入這個行業。所以,能夠請到的員工主要是新移民、兼職婦女和年紀比較大,甚至已經過了退休年齡的人。

現時內地來港的配額每日 150 人,用盡的話,每年會有 55,000 名新移民來港。有統計數字顯示,2016 年在香港未住滿七年的新移民共有 166,000 人,較十年前大幅減少 24%。用這個數字去推算,每年來港的新移民大約 24,000 人,用不到配額的一半。快餐集團高層表示,新移民是他們尋找員工的最大來源,因為新移民不介意做基層服務工作,工作態度比較積極,也較少轉工。基層勞工緊缺,固然會推升工資,推高餐價,也會令到服務質素大幅下降。

聽完有關快餐業的狀況,我有以下幾點總結。第一,雖然香港

存在着歧視新移民的情緒，原來新移民是我們補充勞動力的主要來源，但現實是，隨着內地經濟發展得愈來愈快，願意移民來港的人數逐漸減少，這個補充勞工的來源亦正在萎縮當中，因此我們不應該歧視新移民，反而是要歡迎他們。

第二，基層勞工與白領的工資，會愈拉愈近。由於社會普遍存在着不想做基層工作的看法，令到基層服務行業要提高工資才能吸引到人入行，相反地，一些白領工作，由於大學生愈來愈多，很多人競爭，工資甚至比基層員工還要低。據聞有不少本地二、三線大學的畢業生，月薪只有七、八千元，只達到最低工資水平。如果願意進入快餐業，肯定能夠拿到較高的收入，未來也可能有更好的前途。

快餐集團高層表示，他的集團內有很多總經理級人物，都是從基層做起。

2018年01月13日

5.4

都是保護主義惹的禍

衛生防護中心於今年（2019年）1月初宣布流感高峰期到來，政府公布的統計數字顯示很多醫院的病床逼爆，入住率超過100%很多。醫管局找來了「譚校長」和「英雄輝」拍片為醫護人員打氣。

有醫生在 Facebook 上留言，說「入公立醫院的病人，生命就有如烏蠅、蟑螂般卑賤。」又形容醫療官員是「尸位素餐的當權者」，面對着有一年比一年差的數據，卻不去解決問題，不如把衛生防護中心解散算了。

香港政府現時可謂「錢多到使唔晒」，今年的盈餘隨時又有500億元。但公家醫院逼爆，卻未能妥善解決。出事的原因很多，包括第一是人口老化。政府雖然已撥出大筆資源給多家醫院進行重建和擴建，但工程需時，追不上需求增加的速度；第二是醫護人手短缺，特別是醫生短缺的情況非常嚴重，不是錢可以解決到的問題。

隨着香港未來人口老化愈來愈快，問題急速惡化。像一團亂麻的眾多問題當中，醫生人手短缺是其中關鍵。試想一下，政府

有錢，就算現在的醫療設施不變，只要多請一、兩成的公立醫院的醫生，前線醫療人員的工作壓力，馬上可以減輕，但問題是醫生從何而來呢？

香港的專業、特別是醫生和律師，行內團體的自我保護主義色彩極其嚴重。回歸之前，香港是殖民地，在英國領有牌照的專業人士，無論是醫生或者是大狀，很易來港執業。回歸之後，借着主權轉變，專業團體乘機收緊制度，封了英國專業人士來港執業的大門，要來執業就從頭開始考試，變相減少了行業人手的供應。

稍為讀過經濟學的都知道，需求上升，供應卻減縮，價格就會急升。香港的公立醫療收費便宜，而私家醫院可以自由定價。剛剛有朋友在澳洲布里斯班（Brisbane）一家私家醫院做割膽手術，主刀醫生已經做過幾千個這種手術，經驗非常豐富，而手術費只是 $15,000 港元。如果在香港的一流私家醫院做同樣手術，醫生收費超過 $100,000 元，價差非常巨大。

由於香港的私人醫療收費愈來愈高，公家醫院的醫生就大幅流失，令到公家醫院的醫生的工作壓力倍增。

對社會整體而言，有限度輸入外地的醫生，是最「着數」做法。因為培訓一名普通大學生的成本每年 20 萬元，政府收取學費 4

到 5 萬元，即每年津貼了 15 萬元左右；但培訓一名醫科生的成本超過 100 萬元，政府要津貼了 90 至 100 萬元，如果從外地輸入醫生，社會其實「大賺」。為甚麼不這樣做呢？主要原因是本地的業內團體保護主義心態，一直在堅決反對。

據說有一位猛人曾向衛生福利局局長陳肇始建議仿效新加坡，採取一個非常有限度輸入外地醫生的做法。就是讓移居外地的香港出生的永久性居民的醫生，可以回港執業。目前，不論你是在牛津劍橋、哈佛耶魯讀醫之後執業，都不能回港執業，要執業，必須重新考試。試想一下，這些很有經驗的醫生怎會為了回港工作，而重新去捱一個執業考試？但據聞陳肇始對這個建議毫無興趣，主要是她知道業內團體一定大力反對。

回歸前，香港政制沒有開放，回歸後開放了，政府對各個界別都不敢得罪。面對各行各業勞工短缺的問題，政府束手無策。在大力投訴、形容住在公家醫院的病人為蟑螂、螞蟻的醫生，正正是他們的行業工會大力反對輸入醫生，造成公家醫療體系人手極度緊絀的問題。細心一想，其實頗為諷刺。而且公家醫療的服務質素不斷下降，對基層也極不公平。

2019 年 01 月 18 日

5.5

點解個個狀元做醫生

高考放榜，11個狀元，7人話想讀醫科，2人話想讀藥劑，讀醫似乎是香港尖子的最高夢想。

中學生口中的「神科」，不外乎是讀醫、讀 Law（法律）或者 GBus（環球商業），而讀醫更是神科中的神科。這個選擇亦不難理解，這是贏梗的選擇，只要你捱到畢業，一定可以獲得高薪，是普通大學畢業生3倍以上的人工。

讀法律還要睇你能否拿到乙一級以上的榮譽畢業，若拿不到這個成績，一般都入不到 City Firm 大行，只能入本地律師行，做律師的前途有局限。至於讀 GBus，不少人志願是入美國投資銀行，同樣是並無保證，都是要讀到好好成績才有機會。結論是讀醫是一個穩陣而高人工的選擇，又可以話實踐治病救人的理想，所以高中尖子選讀醫科，十分理性。

香港學生最高志願讀醫，可能100年前也是如此，這亦和香港當時作為殖民地有關。數年前我做一份和大學資助有關的公職，接觸到一些歷史材料，才發現如今中學生升讀大學的模式，竟

然和大學100年前的設計有關。

香港第一所香港大學的前身，是香港西醫學院（國父孫中山曾入讀），在未有本地大學之前，殖民地政府要培養本地最優秀的學生做醫生，源於當時本地對醫療的需求。1912年香港大學創校，當時的港督盧吉（Frederick Lugard）認為，中國人社會不適宜接觸西方的人文價值（怕殖民地子民受共產主義影響），港大就模仿英國利物浦大學的制度，重理工科而輕人文科目，只設三個學院即醫學院、工程學院及文學院。

試想直至有新高考之前，近百年以來，香港中學的分科設計皆一成不變，分文科、理科，理科分生物組和數學組，叻學生主要選理科，讀生物組以考入港大醫學院為目標，讀數學組以考入港大工程學院為目標。這個選科導向，原來有過百年歷史，而且和殖民地相關。但長此下去，沒有改變。

問題是現代的社會，和100年前改變了這麼多，最精英的學生大部份走去讀醫（或文科去讀法律），是否一種過時觀念？

這件事讓我想起印度，全世界最難考的大學不是美國的哈佛大學或麻省理工（MIT）學院，竟然是印度理工學院（IIT），IIT每年取錄的名額僅有5,000人，但報考人數卻高達30萬人，錄取率只有1.7%，比哈佛的錄取率9.1%和麻省理工的12.5%低得多。

印度最好的學生去讀 IT，所以印度的班加羅爾（Bangalore）成為印度矽谷，科技工業至強。

你可能會問，香港叻學生去讀 IT 沒有用，因為香港的 IT 工業不發達。以印度 IIT 為例，每年畢業時節，美國科技巨頭如 Google、蘋果和 Facebook 就去 IIT 請人，用3至4萬元起薪點去那裏請人做電腦工程師，讀電腦讀得叻，去全世界打工都得，搵錢比做醫生更多，因為世界變了。

香港有點一成不變，當尖子多數只是想讀醫的時候，我們話搞創新科技，不是政府搞一個創科局，說說就可以成功的。

2015 年 07 月 16 日

結語：香港二次回歸

香港回歸24年，明年踏入25周年，50年不變走到一半，要思考未來25年的前路。

過去20多年，中美關係由好轉差，香港政治由溫和變暴烈，最後在中央出手後，硬把香港這高速駛向地獄的列車，拉回正常軌道上，香港正式走入第二次回歸歷程。

很多人總結回歸上半段，香港人心並未回歸。我認為情況遠比這嚴重，特別是年輕的一代，不單是人心未回歸，反而與國家愈走愈遠。

許多人說要做人心工程，要做青年人的工作。但現在的國際環境之下，在香港現實政治環境中，要做人心工程殊不簡單。即使現在已制訂港區國安法，已完善了政制，已經開始換班，也不能簡單地說與年輕人對對話，就算是做了人心工程。

香港二次回歸，在於制度重構，基本上要回歸「一國兩制」框架，所有香港人也要有這認識：香港可以維持另一制的前提，是不能挑戰「一國」，不能以顛覆一國、推翻內地制度，作為自己的人生理想，也不能以此作為香港政治的潛在發展目標。

回歸的前半段，香港人有許多錯判，反對派錯判了中央軟弱，在政治上先走入違法的範疇，再發展到暴力的階段，結果積重難返。而部份建制精英，首先在政治上無所作為，不重視意識形態，不重視在香港尋找出愛國主義定位，結果完全失去道德高地，讓反對派以扭曲的自由民主意識形態，樹立成為香港人、特別是年輕人的人生目標。

傳統建制精英的另一失誤，是高估了香港的國際角色。他們沒有留意在不知不覺間，中國已成為世界第二大經濟體，逐漸走向世界前列。而香港部份建制派，仍沉醉於香港以往的國際化特色，既不知美國已把中國視為敵人，也過份誇大了香港的國際角色，小看了香港融入中國內地帶來的機遇。

踏入回歸下半場，香港這列車重新走上軌道，不同政治取向的香港人，若不明白列車前進的方向，不斷想把列車拉出軌道，最後受苦

的只會是自己。國家正高速向前發展，邁向2047年的建國100年，發展為世界強國的目標。香港人若能隨流順變，就可以搭上中國再發展的快車。反之若要逆勢而為，便會上演螳臂擋車的慘劇。

香港改變不了國家的未來，但香港的未來，就掌握在香港人自己手裏。

責任編輯	李仲明

書　　名	離地獄只有一步之遙　顏色革命後的二次回歸
作　　者	盧永雄

出　　版	三聯書店（香港）有限公司
	香港北角英皇道四九九號北角工業大廈二十樓
	Joint Publishing (H.K.) Co., Ltd.
	20/F., North Point Industrial Building,
	499 King's Road, North Point, Hong Kong
香港發行	香港聯合書刊物流有限公司
	香港新界荃灣德士古道二二〇至二四八號十六樓
印　　刷	美雅印刷製本有限公司
	香港九龍觀塘榮業街六號四樓A室
版　　次	二〇二一年七月香港第一版第一次印刷
規　　格	十六開（160mm × 220mm）三二〇面
國際書號	ISBN 978-962-04-4664-1

三聯書店
http://jointpublishing.com

JPBooks.Plus
http://jpbooks.plus